21세기 도시 경쟁 시대
“지역브랜드 육성 전략”

세계적인 금융위기에 따른 경기침체로 경기회복과 경쟁력의 제고를 위한 노력의 일환으로 브랜드의 중요성이 부각되고 있습니다. "차별적인 매력"이 있는 브랜드일수록 위기에 빛을 발하고 있습니다. 현재 시장을 선도하고 있는 베스트 브랜드의 상당수는 지난 외환위기 극복과정에서 고객의 혹독한 평가로 만들어진 것입니다. 위기를 위험한 기회라 여기고 적극적인 긍정 힘으로 접근하면 브랜드의 위상을 새롭게 할 수 있는 기회로 판단됩니다.

자치제도의 정착으로 지역경제의 활성화를 지역주민의 소득증대가 자치단체들의 중요한 과제로 등장하게 되었습니다. 나날이 보다 치열해 지고 있는 지역간의 농·특산물 판매 경쟁은 지역브랜드와 공동브랜드가 좌우하게 되었습니다. 차별화된 브랜드 경쟁력을 확보하여 지역 경제 활성화와 농업의 경쟁력 강화를 위하여 지역브랜드와 농·특산물을 중심으로 공동브랜드를 도입·육성 경쟁을 치열하게 전개하고 있습니다.

일반적으로 브랜드라고 하면 세계적인 명품이나 일등상품을 말하는 것으로 생각하지만, 브랜드가 곧 고급품을 의미하는 것은 아닙니다. 브랜드는 제품이나 서비스 그 자체라기보다는 고객의 마음속에 심어놓은 인식, 경험, 이미지의 결합체를 의미합니다. 고객에게 강한 신뢰와 매력 있게 평가받는 브랜드만이 무한경쟁의 시장에서 생존할 수 있습니다.

그러나 지역브랜드와 공동브랜드를 경쟁적으로 도입하고, 브랜드의 중요성을 이야기하고, 브랜드 마케팅을 하지 않으면 앞으로 살아남을 수 없다고 주장하면서도, 지역브랜드가 무엇인지, 브랜드를 어떻게 관리해야 하는지, 브랜드 마케팅은 어떻게 하는 것인지, 공동브랜드는 지역브랜드와 어떤 점이 다른지 등에 대한 이해와 전략적인 접근과 실천이 부족한게 현실입니다.

이에 한국생산성본부는 지역브랜드를 도입하고자 하거나, 브랜드를 만들어 관리하고 있는 생산농가, 작목반, 연합사업단, 자치단체 등의 관계자에게 브랜드 개발, 브랜드 커뮤니케이션, 농·특산물 마케팅 등에 대한 컨설팅과 교육과정에서 얻은 경험을 "지역브랜드 육성전략"으로 묶어 출간하게 되었습니다. 지역의 농·특산물 생산에 차별화된 고유 자산을 활용하고, 생산농가의 정성과 노력으로 매력적인 파워 브랜드를 만들어 생산농가의 소득증대와 지역 경제를 활성화시키는데 이 책이 많이 활용되기를 기대하며, 이 책을 추천합니다.

한국생산성본부
회장 최 동 규

전국적으로 지역경제의 활성화를 위하여 어떻게 지역 농·특
산물의 경쟁력을 높이고 관광산업을 활성화시켜 농·특산물 생
산농가와 관광서비스업 종사자들의 소득을 증대시킬 것인가가
지방 자치단체들의 중요한 과제로 등장하게 되었습니다. 나날이
보다 치열해 지고 있는 지역간의 농·특산물 판매와 관광산업 활
성화 경쟁에서 어떻게 살아남고, 어떤 독자적이고 차별화된 전략
으로 지속적 성장을 추구할 것인가라는 문제가 지자체의 중요한
현안으로 떠올랐습니다.

더욱이 미국에서 시작된 금융위기로 인해 세계는 극심한 경기
침체와 함께 선진국을 중심으로 보호무역주의가 다시 살아나고
있으며 해외시장의 급격한 위축은 수출에 의존하고 있는 국내경
제에 엄청난 충격을 안겨주고 있습니다. 한편으로는 중국. 칠레.

페루. EU. 미국 등으로부터 해외 농·특산물의 수입증가는 국내 농가에 직접적인 타격을 주고 있으며, 품질의 고급화와 규모경 쟁력을 갖추지 못한 농가들을 벼랑 끝으로 내몰리고 있는 상황 입니다.

이처럼 대내외적으로 어려운 현실여건 속에서 정부와 지자체 는 지역과 농업 및 관광산업 경쟁력 강화의 일환으로 지역브랜드 와 농·특산물을 중심으로 한 공동브랜드 도입 및 육성 경쟁을 치열하게 전개하고 있습니다. 농·특산물의 경쟁력 강화와 판매 활성화, 차별화된 관광 산업의 육성을 위한 브랜드 도입은 품질 고급화를 통한 대외 경쟁력 강화차원에서뿐만이 아니라 농·특 산물 생산농가의 보호와 소득증대, 안전한 먹거리 생산 공급이라 는 차원에서도 시의적절(時宜適切)한 선택이라 판단됩니다.

생산자 실명제 도입이 농·특산물 차별화를 위한 브랜드화의 시작을 알렸다면, 농림수산식품부에서 주도적으로 실시하고 있 는 "농·특산물의 지리적 표시제"와 농·특산물 판매 활성화를 위해 결성된 공동마케팅 조직인 연합사업단들에서 도입 시행하 고 있는 공동브랜드화 정책은 본격적인 농·특산물 브랜드 경쟁 시대를 열고 있습니다. 강원도 평창군의 "Happy 700", 경기도 안성시의 "안성맞춤", 충남 부여군의 "굿뜨레"와 같은 공동브랜 드는 단순히 지역 농·특산물 판매활성화 차원의 브랜드 경쟁에

머무는 것이 아니라, 지역 간의 치열한 경쟁으로 발전하고 있습니다.

한편 "고창 수박"처럼 지역 명을 포함한 브랜드를 고객이나 생산자도 처음에는 브랜드로서 인식하거나 인정하지 않았습니다. 농·특산물의 브랜드 만들기와 판매경쟁이 심화되면서 지역이름 자체가 중요한 자산이라는 인식이 확산되기 시작하였고, "고창 복분자술"처럼 브랜드화에 성공할 경우 경제 활성화와 이미지 향상에 크게 기여한다는 인식이 확산되었습니다. 또한 이런 지역의 농·특산물과 더불어 "함평 나비축제", "화천 산천어축제"와 같은 축제도 지역관광브랜드로 정착되었습니다. 최근에는 이런 변화흐름에 발 맞추어 백화점이나 대형할인매장에서는 "○○산 유기농 야채 특산전"이나 "○○군 친환경 농·특산물 직매장"과 같은 이름으로 지역 명을 내세운 농·특산물을 특별 판매하는 행사를 자주 볼 수 있습니다.

그러나 너도 나도 브랜드의 중요성을 이야기하고, 브랜드 마케팅을 하지 않으면 앞으로 살아남을 수가 없다고 주장하면서도, '정작 지역브랜드는 무엇인가? 브랜드 마케팅이란 어떻게 하는 것인가? 공동브랜드는 지역브랜드와 어떤 점이 다른가? 브랜드는 어떻게 관리해야 하는가?' 등에 대해 체계적으로 이해하지 못하고 있습니다.

　대부분은 지역브랜드라 하면 로고와 캐릭터 개발과 같은 브랜드 아이덴티티설정을 하고, 이를 이용한 패키지 디자인을 만들어 지역의 농·특산물 판매에 이용하려는 단편적인 활동으로 알고 있습니다. 또한 브랜드 마케팅이란 소비자들의 브랜드 인지도를 높이기 위한 광고와 판촉 활동, 그리고 군수나 도지사가 품질을 인증한다는 인증마크제도의 시행 등이 전부인 것으로 잘못 이해하고 있습니다. 아무리 멋진 공동브랜드를 만들고 로고·심볼마크와 캐릭터 그리고 패키지 디자인을 개발하여 브랜드를 알리기 위해 광고를 한다 할지라도, 지역의 농·특산물이나 관광 상품 등에 대한 마케팅 활동을 실행하는 마케팅 담당자들의 의식이 고객의 관점으로 바뀌지 않으면 어떤 마케팅 활동에 대한 효과도 기대할 수는 없을 것입니다.

　최근 자치단체마다 "지역 브랜드팀", "농·특산물 마케팅팀", "브랜드 마케팅팀", "관광 마케팅팀"과 같은 부서를 신설하여, 많은 인원과 예산을 투입하여 지역의 농·특산물 판매와 관광활성화를 경쟁적으로 지원하고 있다. 적극적인 지원정책과 의지는 좋지만, '지역브랜드는 무엇인가?' '어떻게 하면 지역브랜드를 확립할 수 있을까?' '브랜드 마케팅의 핵심은 무엇일까?' 라는 기본적이면서도 핵심적인 내용을 지자체 공무원들부터 철저히 이해하지 못한다면 그 결과는 전시행정에 머무르게 될 것이다. 또한 수많은 지자체들이 '어떤 방향으로 어떤 일들을 누가 어떻게 실행해야 하는가?'라는 질문에 대해 제대로 된 답을 찾지 못하고 혼란에 빠져있는 현실을 보면서 안타까움을 금할 수 없는 것이 사실입니다.

한국생산성본부의 브랜드경영센터와 휴리넷 경영전략연구소는 브랜드 개발, 브랜드 커뮤니케이션, 농·특산물 마케팅 등에 대한 컨설팅과 교육을 수행하면서 많은 자치단체를 중심으로 지역브랜드와 농·특산물에 대한 공동브랜드 마케팅 도입정책을 추진하면서도 "지역브랜드", "공동브랜드", "브랜드 마케팅"의 기본을 제대로 이해하지 못하거나, 브랜드와 마케팅이 무엇인가에 대해 오해하고 있는 사람들이 너무 많다는 사실에 대해 공감하게 되었습니다. 지자체들의 농·특산물 및 관광산업 육성을 위한 브랜드정책과 관리방식의 현실에 대해 안타까움을 느끼면서, 농·특산물 브랜드 관리 및 마케팅 활성화가 지역 발전에 조금이나마 기여하고자 이 책을 출간하게 되었습니다.

비록 부족한 점이 있다 할지라도 많은 지도편달과 격려를 부탁드리며, 경기불황, 고령화, 도시공동화 등으로 큰 시름에 놓여있는 농·특산물 생산농가나 관광산업에 종사하고 있는 분들에게 조금이나마 희망의 좌표가 되고, 더 나아가 지역 경제 활성화에 도움이 될 수 있기를 바랍니다. 마지막으로 이 책의 출간을 계기

로 농·특산물 브랜드 마케팅과 지역 관광산업의 발전에 기여할
수 있는 지역브랜드 분야에 보다 더 훌륭한 연구와 우수한 저술
이 이어지기를 기대하고, 직간접적으로 필자들에게 도움을 준 모
든 분들께 지면을 빌어 감사를 드립니다.

2009년 6월
세계적인 지역브랜드의 탄생을 기대하며
신 순 철, 황 인 호

C 목차 NTENTS

1. 이제는 지역브랜드 경쟁의 시대이다

브랜드란 무엇인가
브랜드는 고객의 마음속에서 만들어진다
지역브랜드의 정의와 역할은
지역브랜드 전략은 체계적이고 통합적이어야 한다
국가 및 도시 지역브랜드의 역할을 이해하라

고객으로부터 우수 상품이라는 브랜드로 인정받게 되면, 브랜드 프리미엄 효과에 의해 20~30%정도 높은 가격으로 판매할 수 있고, 최고 품질의 제품이라는 명성을 유지하는 한 자손대대로 추가적인 소득획득이 계속될 것이다. 장기적인 관점에서 브랜드에 의한 소득창출효과는 실로 엄청나다고 할 수 있다.

영국이 자랑하는 위스키의 이름 "스카치", 프랑스가 자랑하는 "코냑"이나 한국의 중요자산 중에 하나가 될 "소주", "김치"가 이에 해당된다. 동일한 위스키라 할지라도 "스카치"라는 이름이 붙고, 똑 같은 화학식 술이라도 "소주"라는 이름이 붙을 때 한국이라는 생산지나 원산지 국가를 상징하여 고객에게 신뢰를 줌으로써 가격 프리미엄을 누리게 된다. 이와 같은 국가브랜드 프리미엄 또한 글로벌 차원의 지역브랜드인 것이다.

이와 마찬가지로 미국 라스베가스 = 도박. 오락과 엔터테인먼트의 도시, 일본 삿포로 = 눈의 축제와 관광도시, 영국 에든버러 = 전 세계인의 문화예술 축제의 도시, 함평 = 나비축제와 생태관광의 도시, 거제도= 조선과 해양산업의 도시처럼 세계 속의 도시 경쟁력을 갖추는 것이야말로 지역브랜드가 궁극적으로 지향해야 할 방향인 것이다. 이런 것이 바로 이 책에서 말하고자 하는 지역브랜드를 왜 전략적으로 장기적인 비전을 갖고 육성해야 하는 이유라 하겠다.

1. 이제는 지역브랜드 경쟁의 시대이다

　　지방자치단체는 물론 그 보다 작은 면, 마을단위, 농협이나 영농조합법인 그리고 농업인들조차 정부로부터 지원을 받기보다는 자신들의 살길을 스스로 찾아야 하는 독자적인 경영과 브랜드 마케팅 시대를 맞고 있다. 과거의 자치단체는 주로 중앙정부에서 수립한 국토종합계획을 기반으로 지역정책을 수립하여 실행하기만 하면 되었었다. 즉, 국가가 일방적으로 획일화된 정책을 강요할 때, 지방재정의 상당부분을 중앙정부에 의존하고 있는 자치단체들로서는 정부정책을 원안 그대로 수용해야만 하는 현실 속에서 거의 독자적인 정책의 필요성에 대해 의식할 필요가 없었다.

　　그러나 자치제도가 활성화되면서 상황이 급변하였다. 지역 스스로 자신들이 지역 경제 활성화에 대한 책임을 맡게 된 것이다. 그럼에도 불구하고 자치제도의 확대와 정착이 자치단체나 지역 주민들에게 어떤 의미를 내포하고 있는지 심각하게 받아들이지 않았던 것이 현실이다.

"지역의 일은 지역 스스로"

"지역의 일은 자신들 스스로 생각하고 결정하고 수행해 가는 시대"

"우리의 미래는 우리 힘으로"

　　즉, 지역의 자원과 보유역량을 총동원하여 지역 주민 스스로 타 지역과 경쟁하며 스스로 생존·발전해가야만 하는 지역별 자주 · 자립의 시대를 맞게 된 것이다.

　지방자치의 활성화란 본질적으로 지역 간의 동일 농 · 특산물이나 동일 관광 상품, 동일 산업구조를 갖고 생산의 비용효율성이나 생산성향상만으로 경쟁을 하자는 것이 아니라, 타 지역에는 갖고 있지 못한 자기 지역만의 차별화된 농 · 특산물, 산업, 관광 상품을 보유해야 한다는 특화 경쟁이요 차별화 경쟁을 의미하는 것이다.

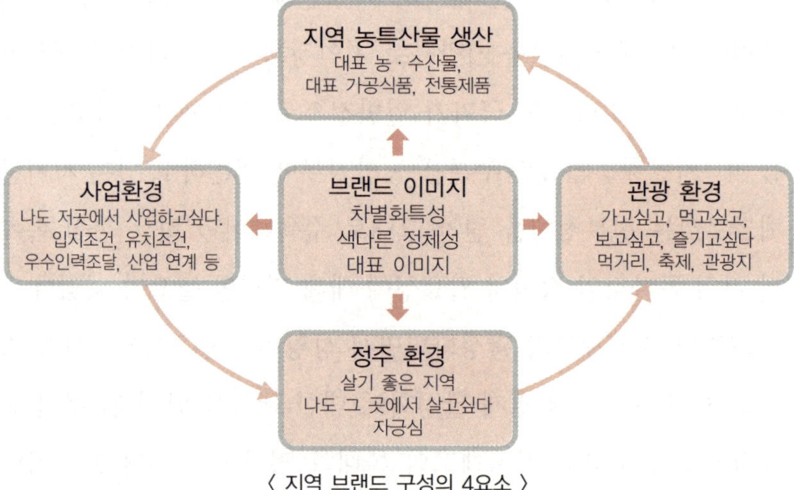

〈 지역 브랜드 구성의 4요소 〉

　예를 들어, 청도에서 소싸움 축제로 유명해졌다고 "우리도 한우를 사육하는 농가가 많으니 소싸움 축제를 하면 될 것 아니냐"는 생각에 소싸움 축제를 만든 자치단체가 10여 개에 이른다. 이처럼 타 지역을 단순히 흉내만 낸 것에 대해 국민들은 고사하고 지역주민조차도 관심을 갖지 않는 것은 당연할 것이다. 예를 들어, 청도보다 규모조차 작은 소싸움 축제에 어떤 차별화된 요소가 없다면, 지역 주민들에게 자부심을 주기보다는 남의 것을 우리가 따라 한다는 수치심이 들도록 만들 것이다. 그럼에도 불구하고 이런 일들이 전국 각지에서 반복해 일어나는 것을 쉽게 찾아 볼 수 있다. 이와 마찬가지로 부산국제영화제가 성공하여 세계적인 명성을 얻게 되니까, 여기저기서 아무런 독창성도 없고 어떤 뚜렷하게 다른 마케팅 목표도 없이 한해 수십억 원이나 되는 비용을 낭비해가면서 명목뿐이 국제영화제를 열고 있는 곳도 아직 여러 곳 있다. 즉, 창의적인 정책이나 특화 산업의 육성 정책을 개발 시행하지 못한 체, 중앙정부의 예산지원에만 목을 맨 체, 지난 10년간 국가의 지역균형 발전이라는 국가정책의 시행을 금과옥조처럼 따르고 타 지역에서 실시하고 있는 우수사례만을 벤치마킹하며 뒤따라가고 있던 많은 자치단체는 더욱 더 경쟁에서 뒤처지게 되었다.

〈 자료 : www.ceramic.or.kr 〉

　이에 반해 경기도 이천은 고려청자의 도시였던 전남 강진이나 조선 백자의 고장이었던 경기도 여주나 광주보다 앞서서 아이디어 하나만 가지고 "도자기축제"를 개최하여 한국을 대표하는 관광축제 중의 하나이자 국내 최고의 관광축제로 만들었다.　또한 그들은 "이천에서 생산되는 쌀"을 왕에게 진상되던 경기미라고 남보다 먼저 홍보함으로써 "임금님표 이천쌀 = 프리미엄 브랜드"로 만들어 냈다. 이처럼 자치단체가 남보다 먼저 남다른 아이디어만으로 차별화된 브랜드 마케팅 정책을 적극적으로 실행한 지역은 특화산업이 발전하고 경제가 활성화되었다.

브랜드란 무엇인가

브랜드란 한마디로 신뢰할 수 있는 상품을 말한다. 브랜드라고 하면 사람들은 일반적으로 세계적인 명품이나 1위 상품을 말하는 것으로 생각하는 경우가 많지만, "브랜드 = 고급품"이라는 등식이 성립하는 것은 아니다. 하지만, 브랜드란 대한민국 여성들의 마음을 사로잡고 있는 루이비통, 샤넬, 구치, 티파니, 스타벅스와 같은 브랜드나 세계 최고의 자동차인 벤츠나 BMW 등처럼 상품이나 서비스의 유명 브랜드를 의미하는 것이기도 하다.

그러나 브랜드란 고객에게 특정 상품하면 떠오르는 것이 무엇이냐고 물었을 때, 브랜드와 관련된 이름, 마크 또는 로고. 상징적인 칼라 등을 총칭하는 의미로써 사람들이 특정 상품의 가치를 느끼는 모든 것으로써 그들이 마음속에 기억했다가 말하는 상품이나 서비스를 지칭하는 말이다. 그렇다고 해서 브랜드란 흔히들 오해하고 있는 것처럼, 단순한 이름이나 로고, 마크가 브랜드의 본질은 결코 아닌 것이다. 하지만 너무나 많은 사람들이 잘못 이해하고 있는 것이 현실이다.

브랜드는 상품과 상품을 상징하는 마크, 로고, 심볼 캐릭터, 상징 칼라 등 "시각적 형태로 표현 되는 것"만을 의미하는 것이 아니라, 브랜드가 내포하고 있는 상징적 이미지, 느낌, 라이프스타일, 사용자 이미자. 개성, 스토리 등을 통시에 내포하는 것이다.

즉 브랜드의 본질은 특정 상품이나 서비스에 대해 고객이 기대하는 특정 편익뿐만 아니라 자신의 개성과 라이프스타일을 표현하는 수단으로서 사고 싶고, 즐기고 싶고, 자랑스러워하는 모든 가치를 포함하는 것이다. 특히 마케팅 측면에서 바라볼 때, 브랜드는 경쟁제품과 강력히 차별화시킴과 동시에 자신만의 독특한 가치를 상징하는 것이 가장 중요하다.

브랜드는 어떤 기업이 생산했느냐 또는 어느 지역, 어느 국가에서 생산했느냐, 즉 기업이나 생산지 그 자체에 의해서도 크게 영향을 받는다. 따라서 상품의 브랜드도 중요하지만 기업이나 생산지역 이미지가 중요해지고 있는 이유가 여기에 있는 것이다. 뿐만 아니라 특정 상품을 이용하는 고객들이 누구냐에 따라서 브랜드 이미지 또한 영향을 받는다. '어떤 고객들을 목표로 마케팅을 할 것인가?' 라는 문제는 효과적인 마케팅 전략의 수립과 실행을 위해서뿐만 아니라, 장기적인 브랜드 포지셔닝에 있어서도 중요하게 영향을 미친다. 브랜드 이미지는 특정 상품이 어느 국가 또는 어느 지역에서 생산되었느냐에 따라 품질 인식에 긍정적이거나 부정적인 영향을 미치기도 한다. 따라서 브랜드 전략을 수립할 때는 생산자, 목표 고객, 생산지역 측면까지 고려하여야 한다.

브랜드의 핵심기능

- 경쟁자와의 차별화
- 고객에게 차별화된 가치 표현
- 고객의 욕구를 충족시켜주는 대상

이런 브랜드의 가치는 단순히 브랜드의 로고나 마크를 제정하고 광고나 캠페인으로 만들어지는 것이 아니라, 기업이나 지자체 활동의 총체적인 결과로 브랜드 가치가 만들어진다는 사실을 명심해야 한다. "햇사레" 복숭아, "안동 간 고등어", "썬키스트" 오렌지, "제스프리" 키위와 같은 파워 브랜드들이 엄청난 광고비를 투입해서 유명해졌는가? 결코 그렇지 않다. 이런 브랜드는 광고보다는 국내 최초 또는 업계 최초라는 사실을 내세움으로써 뉴스적 가치를 얻게 되었고, 각종 언론매체를 통한 최대의 홍보효과를 누리게 된 것이 가장 큰 요인이다. 즉 남들이 시도하지 않을 때새로운 도전을 했기 때문에 저절로 뉴스화되고 입소문을 탈 수 있었던 것이다. 뿐만 아니라, 차별화된 제조 방법과 철저한 품질관리 등을 오랫동안 일관성 있게 전면에 부각시킴으로써 고객으로부터 브랜드에 대한 강한 신뢰를 얻게 된 것이다.

따라서 브랜드는 "제품이나 서비스 그 자체라기보다는 이름, 언어, 기호, 심볼, 디자인 및 그 조합"으로써 고객과의 접점을 통해서 고객의 마음속에 심어놓은 총체적인 이미지를 의미한다. 이런 브랜드의 핵심 기능은 경쟁자와 차별화하는 것이며, 고객에게는 차별화된 가치를 상징하는 표현수단이자 고객 욕구를 충족시켜주는 대상인 것이다.

한편 브랜드란 "고객의 머리(인식)속과 가슴(감정)속에서 살아움직이는 정서적 유대관계를 갖는 생명체"라고 말할 수 있다. 또한 회사, 제품 또는 서비스에 정체성을 부여하고 경쟁자의 회사

나 제품과의 차별화시키기 위하여 사용되는 네임, 브랜드 슬로
건, 시각적 디자인, 브랜드 이미지의 총체적인 결합체인 것이다.
즉, 브랜드란 기업이 전달하고자 하는 상품(서비스)와 고객, 커뮤
니케이션 메시지와 고객의 마음 사이에서 최초의 접점으로써 브
랜드 인지와 의사소통, 가치전달의 기본이 되는 핵심역할을 하는
것이다. 여기서 브랜드 네임은 제품의 주요한 연상과 핵심 주제
를 나타내며, 짧은 시간에 효과적으로 상품의 의미를 전달하는
요소로, 고객들의 인식 속에 제품의 특징과 함께 각인시킴으로써
마케팅 활동에 중요한 역할을 한다.

한편 브랜드는 인재(People). 자본(Money). 자재(Material)라
는 경영의 3요소에 빠트릴 수 없는 제4의 경영자원으로써 경영
전략의 핵심으로 부상하고 있다. 즉 브랜드 전략의 성공여부가
기업실적과 기업존재 자체를 좌우할 만큼 중요해졌다.

브랜드는 고객의 마음속에서 만들어진다.

　브랜드는 생산농가는 물론 지역주민들의 피나는 노력과 정성에 의해 고객의 마음속에서 만들어진다. 브랜드란 고객들이 가치를 느끼는 모든 것이고, 고객과의 모든 접점을 통해서 고객의 마음속에서 만들어지는 이미지의 모든 것이다. 즉, 생산자의 일방적인 광고나 홍보메시지로 만들어지는 것이 아니다. 또한 생산농가나 소비자들이 서로 의식하건 의식하지 않던 간에 상품이나 서비스의 모든 접점에 의해서 브랜드 이미지 형태가 만들어지는 것이다.

　이를 위해서 기업들은 브랜드의 이름을 정하고 자신들의 고객들에게 드러내고 인식시키고 싶어 하는 브랜드 정체성을 브랜드 컨셉트로 설정하고, 이를 시각적으로 표현한 브랜드 로고와 마크, 심볼과 칼라, 캐릭터를 만들어 이를 고객과의 다양한 접점을 통하여 다양한 방법으로 표현하고 전달하려고 노력한다. 그러나 브랜드는 의도한 것과 같이 인식되기보다는 자신의 입장과 사고 관점에서 판단하고 수용하는 것은 바로 고객이다. 브랜드는 시장에서 만들어지는 것이 아니라 한 사람 한 사람 고객들의 인식 속에서 제품에 대한 사용 경험과 생산자 이미지(어떤 기업인가?), 사용자 이미지(어떤 사람들이 이 상품을 좋아하는가?) 그리고 어떤 국가 또는 어느 지역에서 생산되었는가? 하는 지역 이미지에 영향을 받아 만들어지는 것이다.

　물론 브랜드와 고객과의 접점은 상품의 명칭, 로고와 마크, 포장, 매장, 각종 전시회, TV나 신문·잡지, 인터넷의 기사와 상품 정보, 각종 홍보 기사와 광고, 다양한 판촉 활동과 판촉물, 카다로그, 직원들의 고객 응대, 그리고 AS 센터 등 다양한 형태와 방법을 통해 이루어진다.

상품은 기업의 생산 현장이나 생산농가의 논과 밭 그리고 비닐하우스에서 만들어지지만, 브랜드는 고객의 인식 속에서 만들어진다. 왜냐하면 지역에서 생산된 상품이나 서비스에 브랜드 네임을 정하고 자신들이 지향하는 차별화된 콘셉트를 시각적으로 나타낸 로고와 마크, 상징 칼라와 캐릭터, 슬로건 등을 만들어, 이를 다양한 접점을 통하여 다양한 방법으로 전달하지만 그것을 브랜드로 인식하고 평가. 수용하는 것은 고객의 마음이기 때문이다.

이런 성격을 갖는 브랜드의 가치는 생산자(또는 유통업자)와 고객과의 유대관계 속에서 고객의 마음속에서 만들어지는 것이다. 따라서 베스트 브랜드란 고객과의 장기적 신뢰관계를 바탕으로 흔들리지 않는 정신적인 유대 고리를 구축해갈 때 만들어지는 것이다. 바꾸어 말하면, 고객의 특정 상품에 대한 기대와 생산자의 약속은 동전의 양면관계에 있다. 브랜드 또는 생산자가 오랜 기간 동안 고객의 기대를 저버리지 않고 고객과의 약속을 이행할 때 브랜드 파워는 더욱 강화된다. 이런 선순환 속에서 "다소 가격이 비싸더라도 이 상품을 사겠다"는 브랜드 프리미엄이 만들어지는 것이다.

▌지역브랜드의 정의와 역할은

오늘날 "브랜드"라고 하면 "애니콜"이나 "나이키" 등을 먼저 연상하지만, 본래 넓은 의미로 볼 때 농업으로부터 시작된 것이다. 브랜드는 노르웨이어의 「불로 찍은 낙인」이라는 말에서 유래된 것이라고 한다. 자신이 소유한 양(羊)에 낙인을 찍어 다른 사람 소유의 양과 식별하는 표적으로 시작되었다.

즉, 브랜드라고 하는 것은 본래 다른 유사 상품과 분별하기 위한 차별화에 목적이 있는 것이다. 만약, 특정 상품이 유사 상품과 비교해서 가격을 제외하고 아무런 남다른 특징이 없다면, 타 상품과 일부러 구별할 필요는 없을 것이다. 반대로 타 제품에 비해 품질이 다소 떨어진다면, 고객들로 하여금 오히려 분별할 수 없도록 만드는 것이 필요할 것이다. 아무리 그렇다 할지라도 이름이 없는 상품보다는 이름이 있는 상품이 고객에게 좀 더 신뢰를 주고, 고객의 시선을 끄는 것이 현실이다.

그렇다면 지역브랜드는 무엇인가? 이것은 바로 고객들이 '구매하고 싶은 가치 = 농·특산물 브랜드, 가보고 싶은 가치 = 관광지 브랜드, 살고 싶은 가치 = 정주공간으로서의 가치'를 통합하고 상징하는 것을 의미한다. 즉, 지역명칭이 더해짐으로 해서 고객들로 하여금 "긍정적 가치= 플러스 가치"를 연상시켜 "방문해 보자" "좀 가격이 비싸더라도 사보자" "언젠가는 나도 그 곳에서 살고 싶다" 또는 "계속해서 이곳에 살고 싶다"라는 생각이 들도록 만드는 것이 지역브랜드의 최종 목표인 것이다.

농·특산물 지역 브랜드화는 지역에서 생산된 농수축산물, 지역 가공식품 및 생산물 등의 부가가치를 향상시키는 것을 목표로 한다. 이에 반해 지역관광 브랜드화는 지역외의 사람들에게 마을의 매력을 어필하여 관광을 이끌어내는 활동으로써 고유의 역사 문화, 자연 생태 환경, 창의적인 컨텐츠 개발 등의 통합하여 지역의 부가가치 향상을 목표로 하는 것이다. 정주(定住)공간으로서 지역 브랜드화는 지역주민에게 있어서 쾌적함과 자랑스러운 지역으로서 만족도를 향상시키고 타 지역 사람들에게는 나도 저곳에 가서 살고 싶다는 인식을 창출하는 것이다.

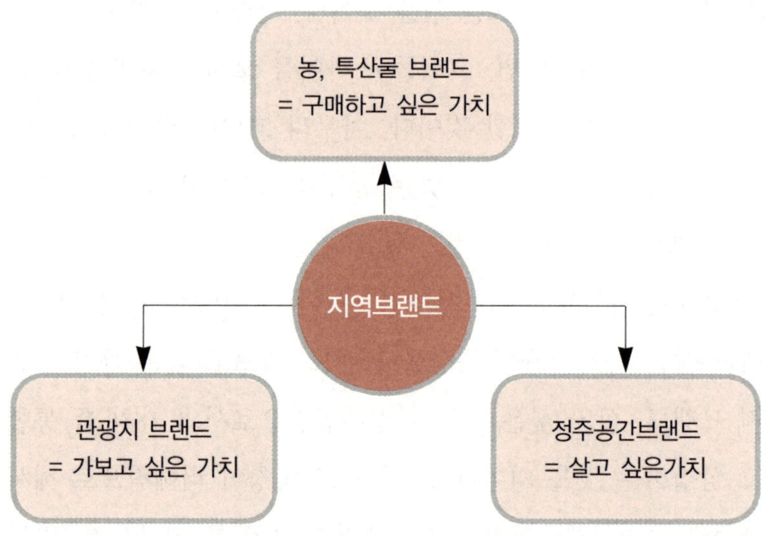

따라서 지역브랜드는 앞에서 설명한 3가지 영역에서 각각 명확한 가치를 가짐과 동시에 서로를 유기적으로 결합시키고 통합함으로써 상승효과(Synergy Effects)를 창출해내는 것이 중요

하다. 이런 지역 브랜드란 용어와 관련해서 수년 전부터 농림수산식품부와 자치단체, 농업 관련단체 들을 중심으로 "지역브랜드", "지역브랜드의 육성과 발전 전략"이라는 말을 많이 사용하고 있다. 또한 국내에서는 "지역브랜드"라는 말 대신에 현재 농림수산식품부나 자치단체, 농업관련기관에서는 지리적 표시제라는 말로 사용하고 있다. 한편 농업과 관련해서는 지역 공동브랜드와 혼동해 사용하고 있는 것도 사실이다.

■ 브랜드 품질은 고객이 결정한다.

특히 농·특산물에서 있어서 지역브랜드의 역할과 중요성에 대하여 쉽게 이해를 도모하기 위하여 몇 가지 예를 살펴보자. 경기도 여주군에서 강의할 때 복숭아 생산농가로부터 받았던 질문이다. 우리 지역의 복숭아나무는 수령이 젊기 때문에 이천이나 음성군 주변 지역의 복숭아보다 객관적인 품질에서 당도가 우수하고 육질도 단단하여 좋은 데, 왜 "햇사레" 복숭아보다 가격이 낮아야 되고 품질이 다소 떨어지는 제품으로 인식되어야 하는지 그 이유를 모르겠다는 불만의 이야기였었다. 아마도 나주 배와 영암 배, 진영 단감과 밀양 단감, 이천 쌀과 여주 쌀 등처럼 이런 상황에 놓여 있는 지역의 농·특산물은 많을 것이다.

왜 이런 현상이 발생하였다고 생각하는가? 품질 차이라고 믿는가? 물론 어느 정도 작용할 수 있을 것이라 생각한다. 그러나 이들 제품 간의 품질차이를 누구나 눈으로 확인할 수 있고, 맛으로 지각할 수 있을 만큼 크게 나타난다고 생각하는가? 결코 그렇지 않다. 실제로 두 제품을 사서 비교해 보고 시식해 보라. 그 맛과 품질의 차이를 판별해낼 수 있는지, 요리 경험이 풍부한 주부나 특정 제품을 생산하는 농가도 여러 가지 제품을 섞어 놓으면 파워 브랜드 제품을 구분하지 못할 것이라고 확신한다.

그럼에도 불구하고 왜 고객들은 품질 차이가 난다고 생각하고 있는 것일까? 제품에 부착된 브랜드가 다르고, 제품이 담긴 포장 박스와 디자인이 다르기 때문이다. 물론 맛의 차이도 있을 것이다. 그러나 고객들이 품질차이가 난다고 믿는 주된 요인은 오랜 기간 동안 쌓인 생산농가들의 품질 향상노력과 정성이 고객으로부터 평가 받고 또한 남들보다 먼저 특정 품목 농·특산물의 주산지라는 이미지를 선점했기 때문일 것이다. 브랜드의 이런 점을 이해하지 못한다면 '성공적인 브랜드 마케팅'은 불가능할 것이다.

이와 같은 현상은 한우 쇠고기에서도 나타나고 있다. 특히, 한우 쇠고기는 국내 축산에서 차지하고 있는 경제적 비중이 높을 뿐만 아니라, 국민들의 정서상 한국을 상징하는 가축으로써 식생활에서 비중이 매우 큰 동시에 쇠고기에 대한 국민들의 관여도 또한 매우 높다. 이런 한우 쇠고기를 둘러싸고 거의 매년 대형유통업체나 음식점에서 젖소고기 또는 수입 쇠고기를 속여서 판매하고 있다는 이야기가 언론에 오르내리곤 한다. 이런 거짓 한우 사건들이 발생하면서 소비자들의 마음속에 "어떻게 한우 쇠고기를 식별할 수 있는가? 한우 쇠고기를 식별하기도 어렵고 믿고 살 수도 없다면 한우라고 속아서 비싼 가격을 지불하기 보다는 차라리 저렴하고 믿을 수 있는 수입산 쇠고기를 사겠다"는 부정적 현상을 만들어내고 있다.

왜 이런 문제들이 반복해서 발생하는가? 아무리 탁월한 분별력을 가진 사람이라 할지라도 한 가지 제품만을 보고, "이것이 한우 쇠고기다, 아니다"를 정확히 판단할 수 있는 사람은 거의 없기 때문이다. 왜냐하면, 한우 축산 농가들이 주장하는 품질의 차이란 품질시험기관에서 정밀한 시험을 통해 밝혀낸 객관적 수치일 뿐이기 때문이다. 즉 "품질과 맛이 다르다"라는 말은 고객들이 서로 다르게 느끼는 주관적 인식차이일 뿐 고객이 객관적으로 정확히 판단할 수 있는 것은 결코 아니다. 예를 들어 강원도 횡성 한우는 품질이 우수하다는 사실로 유명하다. 그런 평판으로 인해 횡성 한우쇠고기가 다른 지역의 한우 쇠고기에 비해 상당히 우수한 쇠고기로 인정받아 꽤 비싼 가격에 판매되고 있다. 이것이 바로 고객의 인식에 심어져 있는 품질의 신뢰 프리미엄, 즉 브랜드의 힘이다.

또한 수산물인 고등어 예를 살펴보면, 매우 흥미로운 사실을 발견할 수 있다. 고등어는 남해안과 동지나해에서 주로 잡아 마산이나 여수, 삼천포 같은 항구 도시에서 경매되어 생 고등어로 판매되거나 어획량이 많을 경우에는 소금에 절여 간 고등어라는 이름으로 판매되는 난대성 어류이다. 그런데 해안가에서 아주 멀리 떨어진 경북 안동에서 절여진 고등어가 훨씬 맛이 우수하고 품질이 좋은 고등어로 평가 받으며, 비싼 가격에 인기리에 판매

된다는 것이다. 분명히 해안가에서도 동일한 방법으로 거의 동일한 수준의 맛과 품질의 간 고등어를 생산할 수 있음에도 불구하고 고객들은 "안동 간 고등어"를 최고로 치고 있다. 이것이 진정한 브랜드의 본질이자 브랜드의 파워인 것이다.

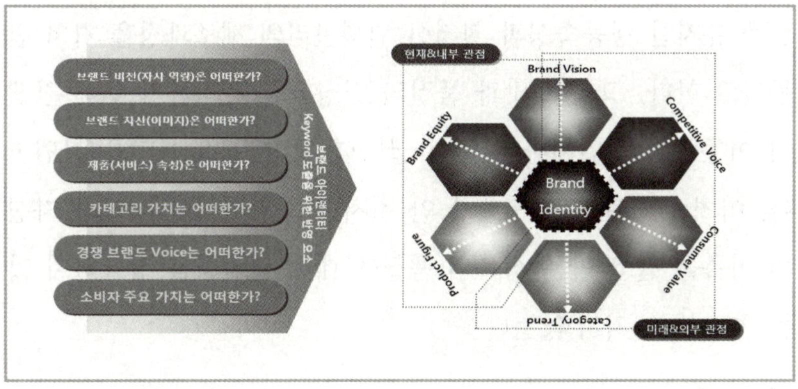

실질적으로 동일한 품질이라고 생각되는 고등어가 "안동 간 고등어"라는 브랜드를 입으면, 타 지역이나 다른 생산자들이 절인 고등어에 비해 작게는 몇 십 퍼센트에서 2-3배의 가격으로 팔리는 것이다. 이것이 브랜드의 마법이다. 이런 브랜드는 자치단체나 몇몇 농·특산물 사업자 모임에서 주장하는 것처럼 이름을 짓고 브랜드 BI(Brand Identity)작업을 해서 포장지에 사용하고,

그 브랜드명을 붙여 판매한다고 해서 하루아침에 또는 1-2년 노력했다고 해서 만들어지는 것이 결코 아니다. 적게는 몇 년, 10년 또는 수십 년이 걸리는 것이 보통이다. 뿐만 아니라 엄격한 품질관리를 일관성 있게 고집하는 사람들의 정성과 노력에 따른 신뢰가 쌓인 결과로 이루어진 것이다.

"안동 간 고등어"는 사십 년 넘게 고등어를 절이는 간잽이로 살아 온 이동삼씨와 같은 사람들의 고집과 정성 그리고 신념으로 만들어진 값진 브랜드인 것이다. 이 제품은 최상의 국산 고등어와 3년간 짠맛을 빼낸 질 좋은 천일염으로 단계별 염장법과 신선함을 유지한 냉동숙성과 철저한 위생관리의 제조과정을 거쳐 만든다고 한다. 그리고 맛과 품질의 일정함을 유지하기 위해 간잽이 이동삼씨는 언제나 염장이 끝나면 직접 구워서 맛을 확인한다. 이처럼 브랜드란 오래 동안 철저한 품질관리와 생산자 자신의 이름을 걸고 만든 상품의 품질에 대해 엄격함을 강요하지 않는 한 만들어지지 않는다.

알면 재미있는 식품이야기 : 바다없는 안동에 간고등어라…?

부패 막기 위한 소금간이 '별미' 비결, 진공포장 상품으로 전국 무대 등장

"한밤중에 목이 말라 냉장고를 열어보니~ 한귀퉁이에 고등어가 소금에 절여져 있네~ 내일 아침이면 고등어구이를 먹을 수 있네~~" 고등어 하면 떠오르는 게 〈어머니와 고등어〉라는 노래와 안동 간고등어다. 바다도 아닌 내륙지방 경북 안동의 특산물로 간고등어가 유명해진 이유는 뭘까. 그 탄생 배경이 흥미롭다. 바다와 멀리 떨어져 있는 안동에서 생선은 귀했다. 고등어 맛을 보려면 가장 가까운 영덕이나 포항 등에서 사 와야 했다. 문제는 운송이었다. 영덕에서 안동까지는 80㎞(200리). 지금은 자동차로 1시간이면 갈 수 있는 거리지만 과거엔 걸어서 꼬박 이틀이 걸렸다. 우마차를 이용해 이른 새벽 영덕을 출발하면 해질녘 청송군 진보면 신촌마을에 도착했다. 여기서 하루를 묵고 다음날 다시 출발하면 곧 안동에서 반나절 거리인 임동

면 챗거리장터에 이르게 된다. 챗거리장터에 도착할 때쯤이면 고등어 내장이 상하기 시작한다. 여기서 고등어의 배를 갈라 내장을 빼고 소금을 뿌려 상하는 것을 막았다. 말 그대로 염장을 지르는 것이다.궁여지책으로 썩는 것을 막기 위해 소금을 뿌린 고등어는 날것과는 다른 맛이 있었다. 영덕에서 챗거리장터까지 오는 동안 고등어가 먹기 딱 좋은 상태로 변하고 상하기 직전에 소금을 뿌린 뒤 안동까지 가다보면 간이 배어 가장 맛있는 간고등어가 됐다는 것. 짭조름한 안동 간고등어는 이렇게 탄생했다. 교통 여건이 안 좋았던 안동의 지리적 조건이 가져다준 선물일지도 모른다. 아는 사람만 먹었던 지역음식 간고등어가 상품으로 나오면서 알려진 것은 1999년. 푸른생선이 몸에 좋다는 건강바람과 진공포장법의 개발로 홈쇼핑에서 불티나게 판매되면서 유명해졌다.보통 고등어 두마리를 묶은 것을 '한손'이라 한다. 한손은 그야말로 한손에 잡을 수 있을 만큼의 크기를 말한다. 간고등어 한손은 겉손과 속손으로 구분하는데, 속손이 겉손보다 약간 작다. 겉손의 아가미에 속손이 쏙 들어가게 하기 위해서다. 유교적 전통이 강한 안동에서는 더 굵은 겉손은 어른이, 속손은 아랫사람이 먹었다고 한다.

〈 출처 : 농민신문, 2009년 3월 6일 〉

지역브랜드 전략은 체계적이고 통합적이어야 한다.

현재 우리가 살고 있는 21세기는 글로벌 시대라고 한다. 국내 지역만을 목표로 하는 지역브랜드 마케팅은 글로벌 시대를 살아가고 있는 우리들에게 너무 협소하고 제한적인 이야기가 아닐 수 없다. 따라서 전 세계를 지향하는 글로벌 국가, 글로벌 도시, 글로벌 기업, 글로벌 인으로서 우리 지역만의 경쟁력을 갖추어 할 것이다. 그러나 이는 국가나 도시 또는 어느 특정기업만의 노력으로 이루어질 수 있는 일은 결코 아니다. 국가와 국민, 도시와 지역 주민, 정부와 지자체, 기업과 임직원간의 상호 협력과 브랜드 이미지 향상을 위한 노력이 동시에 이루어질 때 지역브랜드화는 가능해지는 것이다.

예를 들어, 국내 어느 유명한 대기업의 이미지가 좋다고 해서 거기서 생산되는 모든 제품이나 서비스를 외국의 어느 나라에라도 판매할 수 있는 것은 아니다. 만일 대한민국이라는 국가 이미지가 좋지 않은 지역이라면 "이미지가 좋지 않은 나라에서 생산되는 제품" 이라는 부정적 인식으로 인해 마케팅 상에 나쁜 영향을 받을 수도 있는 것이다.

그렇다면 지역브랜드 전략은 지역의 농·특산물과 관광 마케팅을 체계적으로 지원하는 역할을 하기 때문에 중요한 것인가? 이런 이유만으로 지역브랜드 전략이 중요한 것은 아니다. 지역브랜드 전략은 그 자체로써 지역의 성장과 발전의 견인차 역할 뿐 아니라 지역 주민의 자긍심을 이끌어 내어 단결심을 발휘할 수 있게 하는 원동력이 된다. 뿐만 아니라 이런 것들의 최종적인 결과로서 "내가 살고 싶은 곳", "누구나 오고 싶은 곳", "삶이 질적으로 다른 곳" 등의 이미지를 갖추어 타 지역 또는 다른 국가 사람들의 부러움을 사게 될 것이다. 내가 살고 있는 지역이 다른 지역 사람들이 보기에 산업적으로 낙후하고, 관광 자원도 없고, 삶의 질도 떨어져 살고 싶지 않은 지역으로 강하게 인식된다면 나 역시 그곳에서 살고 싶을 것인가?

지역 발전을 이끌기 위해 창조적이고 차별화된 지역 이미지와 정체성을 만들어가기 위해서는 농·특산물 생산지, 가보고 싶은 곳(보고 즐기고 먹고 싶은 특색 있는 요리와 축제, 재미와 추억이 살아있는 지역), 사업을 하고 싶은 곳, 살고 싶은 곳이라는 매력을 발산하고, 지역주민에게는 자긍심을 줄 수 있는 체계적이고 전략적인 지역브랜드 마케팅이 필요하다. 왜냐하면 농업, 관광에 종사하는 지역주민의 공감과 적극적인 참여 없이 성공적인 지역 브랜드화는 불가능하기 때문이다.

특히 지역브랜드화에는 "밖"과 "안", "고객"과 "생산농가와 지역주민"을 효과적으로 연결하는 노력이 요구된다. 특히 "지역 외부로의 정보발신과 커뮤니케이션이 아니라 내부 지역주민을 끌어안아 그들의 자발적인 참여를 이끌어내는 것이 지역브랜드 구축에 있어서 가장 중요하다"는 점을 알아야 한다. 이런 측면에서 볼 때, 지역브랜드화에 있어서 선행적으로 중요한 것은 지역 주민들이 지역사랑과 자부심을 갖고 계속해서 살고 싶다는 가치를 나타내는 "정주 공간 또는 생활 브랜드"이다.

왜냐하면 기업에서와 마찬가지로 지역 브랜드 활동이란 '고객에의 메시지, 고객과의 유대관계 만들기만의 수단만이 아니라, 조직에서 일하는 임직원들이 자신들의 지역과 조직에 대해 자긍심을 갖고 일할 수 있도록 동기부여에 큰 역할을 수행할 뿐만 아니라 기업내부의 구성원을 끌어들이는 것은 브랜드 구축과 성패(成敗)를 결정하는 열쇠이기 때문이다.

지역경영의 관점에서 보면 지역브랜드 구축도 기업에서와 같이 인터널 브랜드 과정을 거치는 것이다. 지금까지 지역 활성화라면 지역 농·특산물과 관광지의 매력을 전면에 내세우는 경향이 있었지만, 지역브랜드 만들기에 있어서 지역의 "밖"과 "안" "고객"과 "생산농가"와 "지역 주민"을 동시에 끌어들이는 것이 중요하다. 왜냐하면 "내부" 지역주민의 자긍심이 "외부"로 향한 긍정적이고 자발적인 정보발신의 강화와 적극적 참여로 이어지고, "외부" 사회로부터의 높은 평가는 "내부" 지역 주민들의 만족도와 자부심의 향상으로 이어지기 때문이다.

국가 및 도시 지역브랜드의 역할을 이해하라

자동차를 구입할 때, 보통 사람들이라면 독일산이나 일본산 자동차가 미국산이나 국산 자동차보다 훨씬 우수한 품질과 성능을 가졌을 것이라고 생각하는 경향이 있다. 이런 생산국가의 품질이미지에 대한 고객인식의 차이가 동일한 기업 제품이라 할지라도 원산지별 가격 차이를 당연한 것으로 받아들이게 한다. 예를 들어, 현대의 제네시스라는 고급 승용차는 미국의 자동차 품질시험기관에서 우수한 품질과 성능의 자동차라는 객관적인 평가결과의 발표가 계속되고 있음에도 불구하고 좀처럼 고객들이 생각하고 있는 인식품질은 좀처럼 바뀌지 않고 있다. 이러한 고객 인식품질로 인하여 객관적인 제품 품질이 세계수준에 도달했다고 자부하고 있는 현대자동차로 하여금 고급 승용차시장에 진입하는데 어려움을 겪게 하고 있는 것이다. 우수한 성능과 품질을 갖춘동급의 승용차임에도 불구하고 "Made by Hyundai"라는 이유만으로 일본산 도요타나 혼다보다 저가에 판매해야 하고, 보다 파격적인 마케팅 유인책을 강구해야만 하는 것이 현대자동차의현실이다. 그러므로 현대자동차는 왜 세계 최고의 자동차라는 회사라는 자부심을 갖고 있는 도요타 자동차가 '도요타' 라는 기업명을 포기한 체, "렉서스"라는 고급 승용차 브랜드를 만들었는지연구해 볼 필요가 있는 것이다.

반면에 최근에는 삼성전자와 LG전자의 노력에 힘입어 LCD TV나 휴대폰, 세탁기나 냉장고와 같은 정보통신이나 디지털 가

전제품에서는 오히려 "Made in Korea"라는 국가 이미지가 최고의 품질로 인식되고 있다.

왜 이런 현상이 발생하는 것인가? 객관적으로 고객들이 쉽게 지각할 수 있을 만큼 품질에 현격한 차이가 나기 때문은 결코 아니다. 아무리 기업이나 생산농가에서 자신들의 제품이 우수하다고 주장한다 할지라도, 고객들은 제품만 보고 제품 간의 품질과 맛의 차이를 구분할 수 없는 것이 보통이다. 눈으로 바라보았을 때, 품질차이가 극명하게 드러날 정도의 제품을 생산하고 그렇게 품질을 관리하는 기업이나 생산농가들이 어디 있겠는가? 이와 반대로 아무리 생산농가에서 특정 지역의 제품과 품질의 차이가 없고 오히려 품질이 우수하다고 강력히 주장한다고 할지라도 그렇게 받아들이는 고객들은 거의 없다. 이와 마찬가지로 동일한 수박을 생산한다 할지라도 고창의 수박은 맛과 품질이 뛰어난 제품으로 평가 받고, 다른 지역에서 생산된 수박이 비록 객관적인 당도수치가 높다 할지라도 고객들은 "고창 수박"이 훨씬 높을 것으로 여길 것이다. 이것이 바로 브랜드의 힘이자, 생산농가들이 브랜드를 육성해야만 하는 이유인 것이다. 그렇다고 해서 브랜드 형태가 꼭 지역브랜드일 필요는 없다는 사실을 기억해야 한다. "선키스트" 오렌지나 "햇사레" 복숭아가 훨씬 바람직할 수도 있다.

최근 지역명을 바꾸어 달라는 지역민들의 주장과 지명변경에 관한 뉴스를 TV나 신문을 통해 접하는 경우가 종종 발생하였다. 몇 가지의 경우는 일제 잔재의 해소와 본 지명찾기 운동의 일환으로 시작된 경우도 있지만, 많은 경우는 지명의 부정적 연상 때문에 입게 된 유무형의 피해를 줄이고 하는 의도에서 출발한 경우가 많은 것이 사실이다.

국내 지명에서 지역브랜드 마케팅측면에서 매우 어려운 2지역이 있다. 그 첫번째가 경기도 광주시이다. 그 지역에서 실행되고 있는 특정 축제나 특정 농산물의 경우 자자체 주도이든 민간 주도이든 간에 관계없이 탁월한 지역 마케팅을 실시하여 국민들에게 널리 알려졌다고 가정해보자. 경기도 광주시에 거주하는 사람이나 관련된 사람들이 아니라면, 어떤 경우라도 "경기도 광주시"와 연결시켜 연상하기 보다는 "빛 고을 광주광역시"를 먼저 떠올릴 것이다. 예를 들어, "어디를 가세요, 어디에 사세요, 댁이 어디십니까"라는 질문에 광주라고 대답하면, 대부분의 사람들은 먼저 광주광역시를 마음속에 떠올리지 결코 경기도 광주를 먼저 생각하지는 않을 것이다.

이런 상황에서 경기도 광주시 대신에 광주광역시로 연상하는 사람들을 대상으로 어떻게 지역 마케팅을 효과적으로 할 수 있겠는가? 특히, 한국을 모르고 광주광역시를 모르는 해외 사람들을 대상으로 지역마케팅을 해야 할 경우라면 모르겠지만, 필자의 생각으로는 불가능에 가까울 만큼 어렵다고 생각한다. 경기도 광주시에 자긍심을 갖고 살고 있고 그 곳이 고향인 사실을 자랑스럽게 생각하는 수많은 사람들로부터 비난 받을지 모르겠지만, 장기적인 도시발전을 위해 도시 명을 주민투표로 보다 미래지향적인 도시 명으로 바꾸는 것도 전략적으로 생각해볼 수 있는 것이 아닌가 생각한다.

이와 비슷한 사례로 경남의 고성군과 강원도 고성군이 있다. 동일한 지명을 가진 두 도시 중에 플러스 효과를 누리는 도시는 어디이고 부정적인 영향을 받고 있는 곳은 어디인지 생각해보는 것도 흥미 있는 이야기인 듯하다. 동일한 지명을 갖고 있는 경우 우리가 생각해야 할 점은 사람들은 두 개의 도시 모두를 기억하기 보다는 강력하고 독특한 특징이 있는 도시명만을 마음속에 저장해둔다는 사실이다. 강력한 도시 아이덴티티를 구축한 도시는 좋겠지만, 그렇지 못한 경우에는 지속적으로 자신들의 도시 명 앞에 강원도, 경기도 또는 경남이라는 위치를 알리는 브랜드 커뮤니케이션 활동을 병행한다 할지라도 결코 원하는 광고나 홍보효과를 성취하는 것은 쉽지 않을 것이다.

2. 지역브랜드를 둘러싼 오해와 착각에서 벗어나라

2. 지역브랜드를 둘러싼 오해와 착각에서 벗어나라

지역브랜드 도입조건

지역브랜드는 "도시명 + 상품. 서비스명"으로 이루어지고, 국내에서 시행되고 있는 지리적 표시제가 지역 농·특산물의 지역브랜드인 것이다. 예를 들면, "성주 참외", "안동 소주", "안동 간고등어", "나주 배", "함평 나비축제", "이천 도자기 비엔날레", "화천 산천어축제"등이 지역브랜드에 해당된다. 이는 국내 농·특산물의 "원산지"를 명확하게 알려줌으로써 품질 인증의 수단일 뿐만 아니라, 마케팅의 관점에서 보면 지역 농·특산물의 공동브랜드로 활용됨으로써 생산자와 소비자를 동시에 보호하는 수단이기도 하다.

〈 자료 : www.inabi.or.kr 〉

2006년 10월 국립 농산물품질관리원에 의해 시행되고 있는 지리적 표시제란 타 지역의 생산물에 비하여 특정 지역에서 생산된 품목이 특화된 상품임을 상징하는 향토지적재산권의 일종이다.

지리적 표시제의 시행에 따라 지역적으로 우수한 특성을 가진 농·특산물과 가공품에는 지리적 표시 품목으로 지정하여 경쟁력을 갖게 하고, 지역특산품의 품질향상과 함께 지역특화사업을 발전시켜 나가는 새로운 성장 동력의 수단이 될 것으로 전망되고 있다. 따라서 해당 지역의 자치단체와 생산자들은 지역발전 및 농·특산물 판매 활성화를 위하여 지역 브랜드(지리적 표시제)를 적극적으로 도입 활용하는 것이 바람직하다.

이런 특징을 갖고 있는 지리적 표시제는 권리 회득을 위한 등록 이상으로 어떻게 이 제도를 활용하는 것이 지역 농·특산물 마케팅 강화에 도움이 될 것인지에 대해, 지리적 표시제 신청에 앞서 정확히 알아두는 것이 필요하다.

특히 지리적 표시제(지역브랜드)의 도입 시행은

첫째, 생산 주체들의 역량 강화, 생산자들의 조직화 및 규모화, 상품의 품질 고급화와 마케팅 측면에서 긍정적인 변화를 이끌어 낸다. 지리적 표시제 등록에 의한 지역브랜드를 도입하기 위해서는 먼저 생산자 단체를 구성하여야 하며, 구성원들 간의 이해관계를 원만하게 조정하여야 한다. 왜냐하면 지리적 표시제 권리를 갖게 되는 주체는 하나의 단체로 국한되기 때문에 지리적 표시제 등록을 위한 준비과정은 관련 생산자들 간의 응집력을 강화시켜 조직화와 규모화를 해 나갈 수 있는 계기를 제공한다. 바로 이러한 점 때문에 지리적 표시제는 단순히 특정품목의 효과적인 마케팅 수단의 차원을 넘어, "이마트"나 "홈플러스" 같은 대형 유통업체에 대한 협상력 강화가 절실한 생산자 또는 연합사업단의 입장에서 볼 때 생산자들의 조직화와 규모화의 계기를 얻게 되어 공동마케팅 역량을 쉽게 배가 시킬 수 있다. 또한 지리적 표시제 도입을 준비하는 과정에 대한 생산자들의 고민을 공유하고, 문제 해결을 위한 노하우 공유와 상호 협력의 분위기를 만들어 낼 수 있는 장점도 있다.

둘째, 농·특산물의 품질 고급화와 발전을 위한 생산 현장 중심의 체계적 품질관리 모델을 구축하는 계기로 활용될 수 있다. 지리적 표시제를 등록 신청하기 위해서는 해당 상품의 명성과 품질 특성에 대한 객관화 작업은 물론 생산계획 및 품질관리, 운영 방식에 대한 폭넓은 분야의 자료와 의견 수렴 그리고 생산농가들의 적극적 협력이 요구된다. 또한 지리적 표시 단체표장의 경우는 해당 자치단체의 역할에 대한 규정까지 필요하다. 이러한 이유 때문에 지리적 표시제 등록 및 도입을 위한 준비 작업은 해당 농·특산물에 대한 비전 설정과 그 실행 방법을 모두가 함께 생각해 보고 공감할 수 있도록 하는 시간적·공간적 기회가 되고 있다. 이런 기회를 잘 활용하면 생산자들을 중심으로 보다 실현성 있고 적극적 참여를 이끌어낼 수 있는 공동 마케팅 모델을 구축할 수 있다.

셋째, 해당 농·특산물은 지역을 대표하는 상품으로 인식되는 만큼 자치단체 입장에서는 지역이미지를 제고할 수 있는 수단이 된다. 고객에게 지역의 특화된 농·특산물이라는 인식을 심어줘 품질과 원산지에 대한 신뢰를 어느 정도 보장해 주기 때문에 생산자입장에서는 공동마케팅의 강력한 도구로 적극 활용하는 것이 필수적이다. 또한 지리적 표시제의 도입은 해당 농·특산물 생산 및 마케팅 그리고 행정 지원 관련 관계자들의 적극적 참여 및 활동을 이끌어내는 하나의 동기부여 수단이자 매개체로서 지역내의 강력한 공동 마케팅의 구심점이 될 수 있다. 공동 마케팅을 성과 있게 실행하기 위하여 공동홍보 및 공동판매 등의 연결고리 마련은 필수적이다. 지역의 명칭을 나타내야 하는 지리적 표시제는 특정 품목의 품질 고급화를 위한 생산 및 품질관리에 기여할 뿐만 아니라 공동 마케팅을 통한 생산자들의 조직화를 이끌어내는 데 크게 기여할 수 있다.

또한 지리적 표시에 의한 공동 마케팅은 지역 정체성을 일정수준 반영함으로써 지역 이미지 형성에 크게 영향을 미치게 된다. 따라서 지리적 표시제의 이해당사자인 자치단체와 공동마케팅 조직 그리고 생산자들은 보다 체계적이고 효과적인 활용과 관리방안 강구를 위해 서로 머리를 맞대어야 한다.

넷째, 지리적 표시제에 의한 해당 농·특산물은 저절로 지역의 대표성을 갖게 되므로 단순히 판매 활성화에 초점을 맞춘 광고나 홍보활동에 국한하기 보다는 지역의 관광 상품이나 연관 가공식품 산업발전의 계기로 활용하는 노력이 요구된다. 해당 농·특산물을 활용한 지역 농·특산물 개발과 생산으로 발전시키려는 노력이 요구된다. 지역을 대표하는 농·특산물을 이용한 다양한 가공식품의 개발은 농가소득 증대에 기여할 뿐만 아니라 새로운 지역 농·특산물의 발굴과 지역을 대표하는 상품개발로 이어질 수 있다. 또한 고객들로 하여금 다양한 가공품의 생산과정에 직접 참여하여 체험할 수 있는 프로그램들을 개발함으로써 지역 방문을 유도할 수 있는 다양한 아이디어도 발굴하여야 한다. 지역을 대표하는 농·특산물을 활용한 각종 관광 캐릭터 상품의 개발. 판매 그리고 생산 농가들과 소비자들이 함께 하는 축제로 발전시킬 수 있는 아이디어와 방법들도 적극 연구할 필요가 있다.

　지리적 표시제를 통해서 지역과 산업을 발전시키기 위해서는 자치단체와 생산자 모임에서는 등록을 위한 준비 과정에서부터, 등록 후에 어떻게 활용하고 관리하는 것이 효과적일 것인가에 대해 보다 철저한 연구가 있어야 할 것이다. 앞에서 지적한 대로 지리적 표시제(농·특산물 지역브랜드)를 전략적으로 활용하고 체계적으로 관리할 경우, 지역을 대표하는 명품 탄생과 이를 활용한 지역 관광 산업의 발전에 크게 기여할 수도 있다. 뿐만 아니라 지역의 정체성 구축과 지역이미지 제고를 이끌어낼 수 있을 것이다.

　본래 지역명이라고 하는 것은 원칙적으로 누군가가 독점할 수 있는 것이 아니라 해당 지역 사람들의 가장 중요한 공유 자산인 것이다. 또한 현시대를 살고 있는 지역민들만의 것이 아니라 해당 지역에서 살게 될 후대의 것임을 인식해야 한다. 따라서 브랜드 이미지 관리와 정체성 확립 그리고 브랜드 품질 인식 향상

노력은 고객의 관점과 장기적 관점에서 지속적으로 계속되어야
한다.

지역브랜드 도입 주체

브랜드 전략이란, 일부의 담당자만이 고민하여 수립하고 실행하는 것은 아니라 조직의 리더(단체장 또는 대표)에서부터 모든 임직원들이 한마음으로 목표를 향해 다양한 창의적인 프로그램을 개발하고 상호 협력하여 실행해 가는 것이다. 브랜드 담당자는 단지 브랜드가 어떤 방향으로 나아가고 어떤 목표를 성취해야 하며, 어떤 커뮤니케이션 프로그램을 실행해야 할지 기획하고, 길을 안내하는 사람에 불과하다는 사실을 직시해야 한다.

자치단체장이나 연합사업단 대표가 브랜드 전략방향을 평가하고 선택하는 사람이며, 실제 현장에서 다양한 프로그램을 실천하는 것은 각 부문(현장)의 관리직으로부터 일반 직원들까지 그 브랜드에 관계하는 모든 사람이다. 즉, 지역브랜드의 경우, 자치단체의 농·특산물과 관광 마케팅 팀, 신사업 기획팀, 브랜드관리팀은 물론 공무원, 지역 내 농·특산물 생산농가와 관광업 종사자, 연합사업단이나 APC, 지역단위 농협 등에서 일하고 있는 모든 임직원들이 브랜드 만들기 과정에 참여하고 있는 것이다. 그 중에서도 자치단체 단체장이나 연합사업단 단장의 경우 브랜드 전략 성공에 누구보다 중요한 역할을 맡고 있다.

따라서 브랜드 전략을 실행하는 데 있어 가장 중요한 일 중의 하나는 모든 관계자들에게 '브랜드의 중요성과 역할 그리고 운영원칙과 관리의 필요성' 에 대한 이해를 촉진시켜 공감시키고 브랜드 육성과정에 적극적으로 참여하도록 이끌어내는 것이 필수적이다.

그러나 유감스럽게도 지역브랜드란 단순히 상품에 지역 명을 붙여 농·특산물을 파는 것이라거나, 지역명이 붙은 히트 관광 상품이나 특산물을 만드는 것'이라고 단정 짓고 있는 사람들이 너무 많은 것이 현실이다. 이런 것들은 '지명'을 이용한 판매 전략이나 상품개발일 뿐 지역 전체를 대상으로 하는 지역브랜드 전략은 아니다.

따라서 '단순히 지역 명을 사용한 상표' 혹은 '지역 명을 디자인화한 마크'를 다른 상품과 식별하는 수단으로써 사용하기 이전에, 그 지역 밖에 없는 특징이나 매력을 담아 소비자나 고객들로부터 지역에 대한 평가를 높일 필요가 있다.

이러한 지역브랜드 전략의 실행에 앞서 모든 관계자들의 마음 속에 브랜드 목표와 방향 그리고 필요성에 대한 의식 공유를 이끌어내기 위한 철저한 사전 준비과정과 치열한 실천 노력이 없이는 브랜드 전략은 결코 성공할 수 없음을 알아야 한다. 지역브랜드나 지역 공동브랜드 관계자 전원이 브랜드에 대한 폭넓고 깊은 이해를 이끌어내는 것이 '인터널 브랜드 전략'의 목적이다.

이와 동시에 지역브랜드화에 필요한 것은, 브랜드 담당자들의 전문역량과 책임 의식을 높이는 일이다. 유명 기업인 한화 그룹의 최고 경영자처럼 사회에 물의를 일으키는 부도덕한 행동이나 아직도 수많은 기업에서 행해지고 있는 회사 공금횡령 사건, 임직원들의 신중하지 못하고 부도덕한 행동으로 발생하는 사회적

불상사, 또한 고객 부재의 경영방침, 노사 문제나 고객 불만 처리에 대한 임직원들의 신중하지 못한 발언이나 태도, 금융권에서 수시로 발생하는 고객 예금 부당인출과 같은 사고의 은폐 또는 허위 사실보고, 책임 전가, GS 칼텍스의 경우처럼 고객정보의 유출 등에 의해서 브랜드 이미지가 하루아침에 손상되어 실추해 버린 예는 적지 않다. 특히 이런 사실들이 인터넷을 통해 사회적인 이슈로 불거질 경우 그 피해는 순식간에 회사의 사활을 좌우할 만큼 커질 수 있다는 점이 지역브랜드에서도 발생할 수 있다는 사실을 충분히 교육시키는 것이 필요하다.

특히 지역 브랜드 육성 시 지역 및 지역 관련 농·특산물. 관광 등의 분야에서 창녕군 화왕산 억새 태우기 축제에서 발생한 화재 사망사고처럼 치밀한 사전안전계획 수립의 중요성과 태안 앞바다 유조선 기름 유출사건처럼 예기치 못한 위기발생에 대한 대처 능력 배양과 인터넷 시대의 고객 불만에 대한 대응자세와 태도에 대한 교육의 중요성을 간과해서는 안 된다. 한편 세계적인 기업인 일본의 도시바는 최악의 고객 불만 대응실패로 엄청난 직간접의 피해를 입은 적이 있다.

실제로는 고객의 주장이 터무니없이 부당하다고 여겨질 수 있는 사건이었지만, 고객의 불만제기에 대한 회사 임직원의 신중하지 못한 대응 사실이 녹음되어 인터넷 상으로 유포됨으로써 고객들로부터 엄청난 항의와 불매운동으로 이어져 천문학적 매출 손실과 기업이미지 추락피해를 입게 되었다. 여기서 배울 수 있는 점은 고객 대응이 합법적이냐 아니냐는 사실도 중요하겠지만, 고객 대응에서 보다 중요한 것은 어떤 경우에서도 고객의 마음을 어루만지는 감성적인 대응태도라는 사실이다.

특히, 농식품의 경우에는 내용물과 표시의 불일치 문제, 식품 안전과 불량 식품, 위생 문제, 원산지 규정, 유통 기한, 금지 농약 사용 여부와 잔류 농약문제가 치명적인 브랜드 이미지 실추로 이어질 수 있으며, 이로 인해 겪게 될 손실가능성에 대해 철저히 주지시켜 사전에 문제가 발생하는 것을 막아야 한다. 국내 특정 지역공동브랜드의 경우, 특정 품목에서 농약 문제가 발생하여 매스컴에 불거짐으로 인해 브랜드 전체의 이미지 저하와 그 결과로 브랜드의 인식품질까지 크게 손상을 입은 적이 있다.

이런 사례를 통해서 지역 브랜드나 지역 공동브랜드의 경우 브랜드 품질 관리의 중요성에 관한 교훈을 얻어야 할 것이다. 바꾸어 말하면 지역공동 브랜드를 운영하고 있는 자치단체나 연합사업단의 경우, 지역의 구색 농산물에 대해서는 예외 없이 쉽게 관심이 소홀해질 수밖에 없지만, 이들 품목에서 금지 농약 사용문제나 농약사용 문제 등의 품질 문제가 발생할 경우 공동브랜드를 사용하는 모든 상품의 품질이미지 실추와 신뢰저하로 이어짐을 경계하여야 한다.

이런 문제가 발생하는 원인은 '사소한 문제를 경시하는 마음가짐과 태도' '임직원들의 자기 보신의 자세'와 '문제점을 드러내기 보다는 숨기려는 조직 문화와 이를 조장하는 관리자의 업무

태도 때문이다. 이로 인해 발생하는 브랜드 품질 문제는 단순히 특정 소비자에게 불신감을 심어주는 것만이 아니라, 잘못 대처할 경우 사소한 잘못 하나로 오랫동안 수많은 사람들이 피땀 흘려 구축해놓은 브랜드를 하루아침에 파괴할 수도 있다는 사실을 엄중하게 경고하지 않으면 안 된다. 앞에서 언급한 사례들을 교훈 삼아 법령 준수와 고객 친절 대응, 개인 정보 보호 등과 함께 고객에 대한 사회적 책임(CSR) '에 관한 사내 교육과 규정 만들어 보다 적극적으로 실천하는 것이 요구되며, 지역브랜드와 공동브랜드 마케팅을 도입시행하고 있는 자치단체나 연합사업단, APC 리더들은 스스로 지역브랜드를 저하시키는 원인제거와 문제 발생 시 신속하게 처리하려는 노력에 솔선수범해야 할 것이다.

지역브랜드 육성전략

모든 지역은 그 나름의 역사와 그들만의 독특한 자연환경과 문화라는 고유자원을 갖고 있으며, 어떻게 자신들의 장점을 재해석하고 세상의 변화에 어떻게 자신들의 미래를 투영시키느냐에 따라 새로운 발전 가능성을 갖고 있다. 지역의 고유자원이란 역사와 함께 만들어져 온 문화와 자연환경 그리고 지역의 특화된 산업으로 자리 잡고 있는 것을 말한다.

지역브랜드화의 첫 번째 요소는 바로 지역문화이다. 지역문화는 해당 지역에 살고 있는 사람들은 서로 암묵적으로 이해하는 가운데 타 지역 사람들의 눈에 비친 그들만의 독특한 생활 방식 그리고 사업방식을 말한다.

국내의 경우 지역 문화라고 내세울 수 있는 독특한 문화는 사실 60년대 중반부터 시작된 중앙정부 주도의 개발정책에 따라 지방의 도시화와 농민들의 지역이탈로 인한 인구감소로 퇴색되어 왔다. 특히 농촌은 도시공업화를 위한 염가의 농·특산물의 생산 공급지이자 소비시장으로 전락하면서 지역문화는 급격히 사라지고 획일화되어 왔다. 그리고 지리적 자연 환경적 특성에 맞는 지역별 특화발전 보다는, 누가 염가의 농·특산물을 생산할 수 있느냐는 표준화와 획일화가 심화되었다. 또한 농·산물의 경우 "생산하면 팔린다거나, 우리는 생산만하고 정부가 알아서 수매하고 팔아준다"는 의식이 확산되면서 오랫동안 지역에서 키워 온 농산물 생산농가 및 전통산업과 관련된 생산자들의 다양한 생산 관련 경험과 노하우가 머릿속에서만 보존되어 왔을 뿐이다. 즉 그들의 오랜 기간 축적해온 경험과 노하우가 얼마나 중요한지 인식하지 못하였기 때문에 전승·발전되지 못한 체 붕괴되는 것을 지켜볼 수밖에 없었다.

지역의 전통과 문화란 후대까지 지켜야 할 소중한 유산이라고 말은 하면서도 지역 전통에 대한 자부심은 점차 사라지고 있는 것이 현실이다. 또한 현대 사회가 혁신과 창의를 내세우며 끊임없는 변화를 강조하고 사회가 정보화 네트웍화 스피드화를 중시하는 사회로 바뀌면서, 아직까지 사회 전반적으로 전통을 계승하고 새롭게 발전시켜간다는 것은 시대 역행적으로까지 비추어졌던 것이 사실이다. 최근까지 국토의 균형발전이라는 효율중심의 정부정책으로 인해 지역특성에 맞는 창의적이고 차별화된 도시발전전략과 마케팅 전략의 중요성은 무시된 체, 혁신도시 건설과 같은 지역의 획일화된 발전전략을 내세우며 타 지역 모방과 벤치마킹을 중시하면서 지역 특성과 미래전략에 맞는 개발전략은 등한 시 해왔던 것이 현실이었다.

이로 인해 창조경영과 차별화된 도시 마케팅 전략을 내세운 지역과 벤치마킹에만 몰두했던 지역 간의 격차가 지속적으로 커지는 상황으로 바뀌었다. 지역브랜드 전략 또한 이와 유사한 길을 걷고 있는 것이 현실이다. 남들이 보기에는 무모하다고 생각되는 창의적인 지역 성장전략의 수립과 차별화된 마케팅을 집중적으로 실천한 지역과 마지못해 변화에 따라가는 정책을 펼친 자치단

체의 경우, 자치단체의 경영성과 뿐만 아니라 지역의 미래 발전
성과 지역브랜드 인지도와 호감도 측면에서 큰 격차를 보이고
있다.

〈 자료 : www.narafestival.com 〉

함평에서 나비축제를 누군가 시작해보자 했을 때 "국내 어느
지역에나 볼 수 있는 나비가 무슨 축제의 핵심이 될 수 있겠느냐,
누가 나비를 보러 함평까지 오겠느냐" 라는 말을 한 두 번 들었겠
는가? 아마 모르긴 해도 미친 생각이라는 비난까지 들었을지도
모른다. 이와 마찬가지로 강원도 화천군에서 산천어축제를 하자
고 했을 때, 군산시에서 현대중공업을 유치하자고 했을 때, 수도
권 공장 규제라는 정책을 내세운 지난 정부 하에서 파주시가 LG
디스플레이 공장을 유치하자고 했을 때, 경기도 이천시의 누군가
가 도자기와 역사적 연고를 갖고 있는 경기도 광주시나 여주군,
그리고 전남 강진이 아무런 생각조차 하지 않고 있는 상황에서
국내 최초 도자기축제를 개최하자고 했을 때, 이런 생각이나 발

상을 보고 무모하다고 생각하지 않은 사람이 어디 있겠는가? 그렇지만 남들이 무모하다고 생각하는 그 역발상으로 그들은 남들이 부러워하는 성공을 거두었다는 사실이 중요하다.

누군가 국내 최초로 키위를 재배하고자 시작할 때, "사과나 배, 포도나 복숭아 같은 좋은 과일이 많은 데 왜 이상하게 생긴 키위를 하려고 하느냐 라는 비아냥이나 혹시 저 친구 미친 것 아니냐?"라는 이야기를 주변으로부터 많이 들었을 것이다. 그렇지만, 결국 그는 뉴질랜드도 파트너로 인정하는 키위 생산국가로 만들고, 키위를 또 다른 경쟁력 있는 과일로 만들지 않았는가?

지역브랜드도 마찬가지라 생각한다. 반드시 지역자원이 있어야만 가능한 것은 아니다. 본래 지역브랜드 상품은 원산지가 해당 지역의 소재로 만드는 전략을 선택하는 것이 가장 바람직한 방향이다. 그렇다고 해서 지역에 농·특산물, 역사, 전통, 문화, 독특한 자연환경을 갖고 있는 것만이 지역브랜드로 만들어 질 수 있는 것은 결코 아니다.

아무런 남다른 특징도 찾아볼 수 없던 임실군이 "임실치즈"라는 브랜드를 갖게 되었고, 함평군은 전국 어디에서나 찾아볼 수 있는 나비를 이용하여 "함평 나비축제"라는 지역브랜드를 갖게 되었다.

지역브랜드화의 두 번째 요소는 바로 "진품이냐? 아니냐?"는 문제다. 사업화 초기에 '진품 지향의 농·특산물과 가공식품 개발 생산전략'은 농민들 스스로 공감하고 이해하기 어려울 뿐만 아니라, 설사 한마음 한 뜻으로 뭉쳤다 할지라도 고객들에게 그 차별점과 우수한 품질을 인식시키는 데까지 많은 시간과 노력 그리고 비용이 요구된다.

특히 브랜드육성이란 모든 생산농가와 지역민들이 원하는 것이지만, 자랑스러운 상품을 반드시 만들겠다는 열정과 집념이 없이는 결코 성취하기 어려운 과제이다. 진품지향 마케팅 전략은 지역 내 농민이나 생산자들의 자기만족만이 아니라 단순히 고객과 시장의 외적으로도 합치되는 것 또한 아니다. 생산자와 소비자가 쌍방 간에 공감대가 형성되어야 한다. 겉포장이나 외관적인 모습은 같다 할지라도 해당 지역 주민들이 스스로 인정하는 진품이 아니라면, 시간이 지나면서 소비자들의 눈을 더 이상 속일 수 없게 된다.

이런 현상이 지속적으로 발생하는 원인 중에 가장 큰 것은 특정 지역의 농·특산물이나 가공식품이 한번 매스컴에 스포트라이트를 받아 유명해지면, 이것을 기회로 생산농가나 생산업자들이 먼저 짧은 시간에 많은 돈을 벌겠다는 욕심에 사로잡히기 때문이다. 엄격한 상품 생산조건이나 고객이 생각하는 품질조건을 내팽개친 체 마구잡이식으로 생산량을 늘리거나 성급하게 유통채널과 판매처를 확대함으로써 소비자들을 쉽게 식상하도록 만들거나, 타 지역에서 생산된 재료 사용에 대해 고객들을 납득시킬 수 있는 원칙도 없이 제품을 생산하기 때문이다. 또한 유통업자들이 유명 브랜드를 도용하여 돈을 벌려는 기만술책이 우후죽

순처럼 발생하기 때문이다.

따라서 고창의 복분자주, 안동 소주처럼 최근 부각된 지역브랜드 특산물의 경우 지금부터가 보다 철저한 브랜드 관리가 요구되는 것이다. 잘 팔리고 있다는 생각에 빠져 엄격한 브랜드 이미지 관리와 상품의 품질관리와 생산수량 통제, 일관성 있는 가격 정책과 철저한 판매처 관리를 기울이지 않는다면, 경주법주처럼 일순간의 히트상품으로 끝나는 일이 발생할 수도 있을 것이다.

한편 농민들의 자기만족과 생산된 농·특산물의 판매만을 위한 진품지향인 체하는 광고나 홍보이어서는 안 된다. 고객과의 약속을 지키고 그들의 신뢰에 보답하기 위한 노력의 일환으로 철저한 진품지향의 생산 및 마케팅 전략을 수립 실행해야 한다. 진품 생산과 관계된 모든 사람들이 자신들의 미래 목표를 성취하기 위해 오랜 시간 동안 정성과 노력을 쏟아 '왜 고객으로부터 신뢰와 사랑을 받을 수 있는 상품, 진품을 생산해야 하는지' 에 대한 답을 찾는 등 스스로의 의식을 바꾸고, 이를 모든 내부 관계자들의 의식 속에 뿌리내리도록 만들어야 한다.

지역브랜드 전략수립과 목표의 설정

　지역브랜드 전략을 성공적으로 진행시키기 위해서는 먼저 브랜드 관계자들의 브랜드에 대한 의식을 높여 지역브랜드와 공동 브랜드 전략의 목표와 방향, 브랜드 관리의 중요성 등에 대해 이해시켜야만 한다. 또한 브랜드 전략의 수립과 실행을 위해 일정 수준 이상의 예산과 노력을 투입한다 할지라도 단기간에 매출의 증가나 수익 향상으로 이어지지 않는다는 사실을 이해시켜야 한다.

　왜냐하면 어느 일정시간이 경과하고 많은 예산을 투입하여 브랜드 홍보와 광고 이벤트 활동을 하였음에도 불구하고 매출증대나 판매단가의 증가와 같은 가시적인 성과가 나타나지 않을 경우가 많다. 이런 경우 생산 농가는 물론 자치단체나 연합사업단 관계자들조차 브랜드 마케팅의 필요성과 효과에 대한 의구심을 갖게 만들 수 있을 뿐만 아니라, 브랜드 관계자들의 브랜드 육성에 대한 열정과 관심을 떨어뜨려 소극적 또는 형식적인 브랜드 마케팅활동으로 전락하게 될 위험이 크기 때문이다.

　그러나 이런 정신적 느슨함과 허울뿐인 브랜드 마케팅 활동은 지역 농·특산물 가격 하락과 판매 부진, 관광객의 감소와 지역민의 자긍심 상실로 이어져 지역 경쟁력과 지역 활성화에 치명적인 결과를 초래하게 된다. 이런 문제 발생을 사전에 막기 위해서는 브랜드 도입을 결정하는 순간부터 적절한 간격으로 정기적인 세미나나 스터디 그룹 등을 개최해거나 브랜드 마케팅 전문 교육을 통해 브랜드 전략에 대한 깊은 이해와 공감대를 강화시켜가는 노력이 요구될 뿐만 아니라 브랜드 육성의 중요성에 대한 의식을 높이는 것이 중요하다.

따라서 언제, 누구를 대상으로, 어떠한 세미나나 스터디 그룹 또는 브랜드 마케팅 교육을 실시하는 것이 좋은지, 사전에 주도 면밀하게 계획을 세워 두는 것이 바람직하다. 그 내용은 브랜드 전략의 목표와 방향의 설명, 외부 환경 요인의 변화(경제, 시장, 유행, 타 지역의 대처상황), 소비자 구매 평가기준 및 라이프스타일의 변화의 파악, 브랜드 마케팅 전략의 필요성 및 주요 내용, 브랜드 품질 관리의 중요성 및 실행 방법, 브랜드 전체 및 농·특산물 각각의 시장에서의 평가와 시장 지위 등이 포함되어야 한다. 이런 교육 내용을 1회에 단기간에 집중적인 교육 프로그램으로 실시하는 것보다는 전남 영암군에서 실시했던 방법처럼 주 1회 또는 2회 강의로 구성된 3~6개월 장기 교육과정으로 실시하는 것이 매우 효과가 높다.

또한, 이런 교육프로그램이나 워크숍. 세미나 등은 생산농가나 작목반 그리고 자치단체나 연합사업단의 브랜드 관련 직원들로 하여금 브랜드 전략에 대한 이해와 폭넓은 지식 습득 기회로 활용하는 것이 바람직하다. 이것은 농·특산물 마케팅에 관한 경험이나 이해가 깊은 브랜드 컨설턴트나 마케팅 전문가들에 의한 강의와 자문위원들과의 공동 워크숍 형태로 진행하는 것이 효과적이다.

지역브랜드 만들기 자가진단 질문서

지역 브랜드 운영시스템에 대한 자가 진단용 질문서	1) 당신이 브랜드 만들기를 하고 있는 상품은 무엇입니까? 2) 브랜드 만들기의 목적은 무엇입니까? 3) 브랜드 만들기의 성과지표는 무엇입니까? 4) 누가 브랜드 만들기를 추진합니까? 5) 성공적인 브랜드 만들기에 참여할 사람과 조직은 누구입니까? 6) 브랜드 만들기를 주도하는 사람은 누구입니까? 7) 브랜드 만들기의 최고책임자는 누구입니까? 8) 브랜드 만들기 소요기간은 어느 정도로 생각하고 있습니까? 9) 브랜드 만들기에 어느 정도의 예산이 필요합니까? 10) 브랜드 만들기 예산은 어떻게 조달할 것입니까?
지역브랜드의 현재 위치를 점검하기 위한 SWOT 분석 질문서	1) 경쟁 브랜드 대비 강점(Strength)은 무엇입니까? 2) 경쟁 브랜드 대비 약점(Weakness)은 무엇입니까? 3) 시장에서 기회(Opportunity)요인은 무엇입니까? 4) 시장에서 위협(Threat)요인은 무엇입니까?
지역브랜드가 고객에게 제공 할 수 있는 가치내용을 점검하기 위한 질문서	1) 브랜드의 차별화된 주요가치는 무엇입니까? 2) 브랜드 가치를 뒷받침하는 객관적인 사실이나 속성은 무엇입니까? 3) 브랜드가 고객에게 제공할 수 있는 기능가치는 무엇입니까? 4) 브랜드의 정서적. 경험적 가치는 무엇입니까? 5) 브랜드의 생활과 사회적 가치는 무엇입니까?
브랜드 핵심가치 창조를 위한 질문서	1) 상품 및 지역의 경쟁 상대와 목표는 무엇인가? 2) 상품과 지역만이 갖고 있는 차별화된 특 장점은 무엇인가? 3) 상품과 지역을 선호하는 고객층은 누구인가? 목표고객층은 누구인가? 4) 상품과 지역이 고객에게 할 수 있는 약속은 무엇인가? 5) 고객들이 우리에게 기대하고 있는 것은 무엇인가? 6) 브랜드를 사람으로 비유한다면 어떤 사람인가? 형용사로 표현해 보라. 7) 브랜드 포지셔닝 성명서는 무엇인가?

① 목표 고객 ② 사업, 상품, 핵심 기술 등의 브랜드만이 갖고 있는 특징, ③ 기능적 편익과 정서적 가치. 즉, 브랜드 X는 고객에게 OOO을 약속(브랜드 에센스)함과 동시에 OOO 같은 개성과 분위기(브랜드 퍼스낼리티)를 갖는다. "OOO은 OOO 사람들에게 OO을 통해서 OO같은 차별화된 가치와 OO같은 느낌을 제공하고 있습니다."

사례) 전북 임실 치즈: 임실치즈는 가족건강을 생각하는 수도권의 40대 주부들에게 100% 임실에서 생산된 우유만을 엄선해서 만든 최고 품질의 오리지널 치즈를 통해서 생 치즈만의 깊은 향과 맛 그리고 자연 그대로의 느낌을 제공합니다.

브랜드 성명서의 작성은 "브랜드와 관련된 헌법을 만들고, 브랜드와 관련된 모든 활동의 기본 지침을 설정하는 일로써 브랜드 전략수립의 핵심"이라고 말할 수 있다. 여기서 말하는 브랜드 전략이란 단순한 마케팅 방법론이 아니라, 경우에 따라서는 기업혁신이나 변화를 향해서 전임직원이 브랜드가 목표로 하는 비전의 실현을 요구한다. 따라서 브랜드 성명서란 임직원들의 행동규범이자, 대외적으로는 고객에 대한 약속을 명문화한 것이다.

바꾸어 말하면, 목표고객에게 어떻게 브랜드를 받아들이기를 원하는가를 문장화하고, 이것을 임직원들에게 공유하도록 하는 것이다. 기업 이념과 기업사명이 기업이 목표로 하고 있는 비전이나 사업의 방향성을 가리키는 데 반해서, 브랜드 성명서는 기업비전을 성취함에 있어서 '어떻게 고객가치를 만들어갈까' 라는 방향을 설정해 주는 나침반과 같은 것이다. 즉, 브랜드 가치규정작업으로써 표적고객과 브랜드 에센스, 개성을 하나의 문장으로 규정한 것이다. 여기에는 단일집약적인 메시지로 표현된 브랜드 에센스를 뒷받침하는 사실이나 상품의 특징, 기능적 가치, 정서적 가치, 사회 · 생활가치 요소 등도 포함시켜야 한다.

한편 브랜드육성을 위해서는 어느 일정수준 이상의 전문적인 지식이 필요한 만큼 주기적인 교육과 함께 새로운 마케팅 기법과 브랜드 커뮤니케이션 전략에 대한 교육이나 세미나가 필요하다. 하지만 체계적인 교육을 받지 못할 경우, 브랜드에 대한 어설픈 지식이나 정보로 인해 오해와 편견을 갖게 만들어, 브랜드 전략의 수립과 실행에 큰 장애요인으로 작용하는 경우가 발생하기 십상이다. 이런 문제 발생을 막기 위해서라도 먼저 자치단체와 연합사업단의 브랜드 마케팅 관련자들부터 브랜드 전문가가 주도하는 세미나나 스터디 그룹 또는 브랜드 마케팅 전문교육을 받도록 만드는 것이 매우 중요하다. 그러나 유감스럽게도 자치단체 공무원들과 연합사업단 직원들을 대상으로 한 교육의 필요성과 중요성을 제대로 인식하고, 적극적으로 교육을 실시하려는 자치단체와 단체장들은 거의 없는 것이 현실이다.

브랜드 전략에 포함되어야 할 내용	
	1) 브랜드 컨셉트의 설정
	2) 브랜드의 목적
	3) 브랜드 전략의 기대성과
	4) 성과를 얻기 위해서 설정해야 할 전략목표
	5) 목표를 달성하기 위한 시나리오 또는 계획
	6) 성과를 평가하기 위한 기준

이와는 별도로 브랜드 전략을 수립함에 있어서 필수적인 사항 중에 한 가지는 브랜드 전략의 목적과 목표를 명문화해 두는 것이다. 또한 브랜드 전략의 명문화에는 6가지 내용을 포함시켜야

한다.

앞에서와 같이 '어떤 목표를 성취하기 위해 어느 부문이, 언제, 어떠한 행동을 실시할까'를 기술한 브랜드전략 실행계획을 명문화하는 목적은 크게 3가지이다.

첫째, 그 브랜드와 관계되는 임직원들로 하여금 전략의 전모를 정확하게 이해, 공유하도록 만드는 것이다. 왜냐하면, 모든 직원들이 브랜드가 목표로 하는 방향으로 협력하지 않고는 고객들에게 신뢰를 구축하고 지속적으로 사랑받는 브랜드를 만들 수는 없기 때문이다.

둘째, 브랜드 관계자 전원이 각각의 업무나 사업 분야에서 어떻게 일을 해야 할 지 쉽게 이해할 수 있도록 만들어 줌으로써 일관성 있는 업무실행을 통해, 고객의 마음속에 브랜드에 대한 신뢰와 브랜드 포지셔닝을 강력하게 구축하도록 이끌어주기 때문이다.

셋째, 구체적으로 명문화된 목표와 실행 계획은 각 업무를 맡고 있는 부서 사람들로 하여금 자신들의 업무가 올바른 방향으로 나아가고 있는 지 스스로 점검할 수 있도록 만들어줄 뿐만 아니라, 현재 프로그램이나 실행방식이 효과적인지 아닌지 혹은 잘못하고 있지는 않은가에 대해 스스로 객관적으로 평가하고 판단할 수 있는 기준을 제공해주기 때문이다.

이런 역할을 하는 브랜드 목표와 전략을 명확하게 하는 것은 제대로 된 마케팅 전략실행으로 이어지지만, 반대로 명확한 목적이나 목표를 설정하지 못하면 '막연히 브랜드 인지도를 높이자. 호의적인브랜드 이미지를 구축하자. 또는 브랜드 인지도 순위를 3위에서 2위로 올리자' 와 같은 단순 구호에 빠질 수 있다.

유감스럽게도 지금까지 대부분의 지차제에서 지역 공동 브랜드를 만들거나 지리적 표시제에 따른 지역브랜드를 육성한다고 주장하면서 브랜드 구축 및 육성 전략에서 가장 중요한 브랜드 컨셉트의 설정과 브랜드 포지셔닝에 대해 관심을 갖기 보다는 단순히 브랜드를 일반 소비자들에게 널리 알리는 데 초점을 맞춘 홍보와 광고. 판촉 및 이벤트 활동에 집중해온 사실이다. 특히 지리적 표시제나 지역공동브랜드를 만든다고 할 때, 오로지 브랜드 네이밍과 로고, 심볼 마크와 캐릭터, 패키지 디자인 및 서식류 양식개발과 같은 BI 작업 그리고 브랜드 선포식과 단기간의 광고와 홍보로 끝나는 경우가 대부분이었다. 그러나 성공적인 브랜드 육성을 위해서는 브랜드 컨셉트과 포지셔닝 전략의 명확화가 브랜드 인지도 증가나 브랜드 네이밍. BI 작업보다 훨씬 중요하다는 사실을 결코 잊어서는 안 된다.

여기서 말하고 있는 브랜드 컨셉트란, 지역브랜드 전체의 이념에 상당하는 것으로 브랜드 마케팅과 커뮤니케이션 전략 수립이나 실행 프로그램과 브랜드 슬로건이나 광고 메시지를 개발할 때 나침반 역할을 하는 것이다. 이른바 브랜드 컨셉트란 브랜드 포지셔닝처럼 브랜드 경영이나 관리에 있어서 반드시 지켜야 할 헌법이라고도 할 수 있다. '일류 브랜드를 만든다.' '지역 농·특산물의 경쟁력을 강화시킨다.' '지역경제 활성화에 기여한다.' '농·특산물의 판매를 증진시킨다.' 처럼 막연한 브랜드 목표설정으로는 의미 있는 성과를 창출하지 못한다. 따라서 브랜드 컨셉트는 지역의 특색을 근거로 하여 '누구에게나 동일한 의미로 전달될 수 있도록 해당 지역의 이미지와 일치되는 내용을 바탕삼아 명확한 문장으로 작성' 하는 것이 바람직하다.

지역브랜드 성과분석

고객들의 신뢰를 구축하고 차별화된 브랜드 이미지를 구축하기 위해서는 지속적으로 예산과 인력을 투입하여 지역브랜드와 지역 공동브랜드의 홍보와 광고 그리고 다양한 이벤트 등을 실시해야 한다. 또한 홈페이지와 인터넷을 통한 고객들과의 양방향 커뮤니케이션 활동을 일관되게 실행하는 노력이 필요하다. 하지만 홍보나 광고 그리고 다양한 판촉활동 이상으로 중요한 일중에 하나는 현재 우리 브랜드 위치가 어떤지, 고객에게는 어떻게 인식되고 있는지, 커뮤니케이션목표와 전략 방향과 분석 결과가 어느 정도 일치하고 어떻게 차이가 나는지, 왜 그런 일이 발생하였는지를 주기적으로 정확하게 파악하는 것이다.

왜냐하면 현재 브랜드가 고객들에게 어떻게 평가되고 있는가, 경쟁브랜드와의 차이는 무엇인지 등에 대한 객관적인 분석 자료가 없이는 올바른 브랜드 전략 수립이 불가능하기 때문이다. 이를 위해 브랜드 관련 주요항목을 객관적인 수치로 나타내는 평가지표(Brand Performance Index: BPI)를 개발하는 것이 필요하다. 이런 브랜드 평가지표를 개발할 때 매출액이나 영업이익, 시장점유율, 매출 및 이익증가율, 브랜드 인지도와 순위 등과 같은 종래의 평가지표와는 별도로, 고객관점에 입각한 품질 인식과 포지셔닝과 관련된 새로운 평가 지표를 만드는 것이 필요하다.

브랜드를 중시하고 브랜드 파워를 키우는 광고와 홍보. 이벤트 및 판촉활동을 누구라도 실행할 수 있다. 그러나 그 결과가 어떤

지를 정확히 알지 못한다면, 브랜드 육성노력이 제대로 목표를 향해 진행되고 있는지를 알 수 없을 뿐만 향후 경쟁 대비 어떤 방향으로 나아가야 할지 또는 고객들에 대한 브랜드 커뮤니케이션 전략과 광고메시지는 어떤 방향으로 수정 또는 보완을 해야 할지 알 수 없게 된다. 따라서 주기적인 브랜드 고객평가(품질 인식. 가치. 개성. 선호도. 브랜드 연상. 이미지 등) 조사를 통한 분석 자료를 반영하지 않은 광고와 판촉 활동이란 브랜드 육성을 위한 전략적인 마케팅이라고 하기 보다는 단순히 판매 증진만을 위한 브랜드 알리기에 불과하다는 사실을 기억해야 할 것이다.

브랜드 전략이란 아무리 탁월한 아이디어를 바탕으로 하였다 할지라도 '브랜드 인지도 제고'라는 정량적 목표를 제외하고는 '고객들의 브랜드에 대한 품질 인식, 선호도, 브랜드 연상. 브랜드 이미지, 핵심가치 인식' 등의 정성적 목표는 수치화하기 어렵기 때문이다. 그 이유는 판촉이나 경비 삭감처럼 '단기적으로 가시적인 효과'가 나타나는 전략과는 달라, 브랜드 마케팅과 커뮤니케이션의 효과는 장기간에 걸쳐 일관된 투자와 노력을 지속해야만 얻을 수 있기 때문이며, 또한 브랜드 성과란 지속적인 품질 향상과 우수 제품 생산을 위한 전사적인 노력이 없이 마케팅 활동만으로 결코 얻을 수 없기 때문이다.

즉 고객의 신뢰와 평가를 높이기 위해서는 차별화된 브랜드 커뮤니케이션 전략 실행과 함께 상품과 서비스의 질을 높이기 위한 노력이 일관되게 요구된다. 왜냐하면 품질의 일관성 유지와 지속

적 품질 향상은 브랜드 이전에 고객의 신뢰를 얻기 위한 기본 전

제조건이기 때문이다.

▌지역브랜드 관리체계

지자체와 지역 연합사업단, APC, 생산농가와 작목반, 지역 단위농협에 있어서 최근 지역 간 농·특산물 판매경쟁과 중국. 칠레. 미국. 뉴질랜드. 유럽 등지로부터 수입되고 있는 해외의 농수축산물과의 경쟁이 치열해지고, 지역 간의 관광객 유치가 지역경제 활성화에 중요한 관건으로 등장하였다. 이에 따른 지역브랜드 만들기와 공동브랜드 도입. 육성에 있어서 가장 시급한 과제로 등장한 것이 바로 브랜드 신뢰와 평판을 구축하고 고객의 마음속에 우수한 제품이라는 이미지를 구축하여 파워브랜드로 육성하는 것이다.

그러나 파워브랜드 육성 못지않게 중요한 것이 장기적으로 브랜드의 명성과 이미지를 향상시키며 경영하는 것이다. 여기에 요구되는 것이 전략적 브랜드관리의 중요성을 이해하고 이를 실행할 수 있는 우수한 팀을 구축하는 것이다. 또한 이들로 하여금 브랜드 품질관리를 철저히 하도록 하는 것이다. 이에 덧붙여 필요한 것이 아래에서 설명하는 고객과의 3가지 약속을 철저히 지켜가는 것이다.

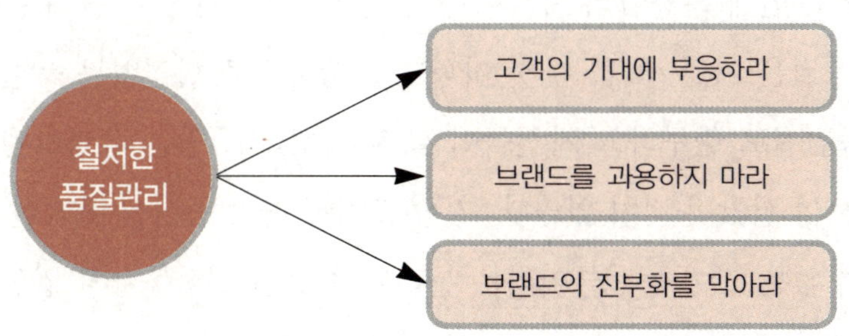

첫째, 고객의 기대에 부응하라. 몇 해 전에 발생했던 만두 속 사용 재료의 품질 문제는 업계전체에 엄청난 타격을 입은 적이 있었다. 최근에 농심 새우깡과 동원 참치캔에서 발생한 품질 불량 문제, 풀무원에서 유기농제품이라고 판매하는 농산물에서 농약이 검출되는 문제 등이 언론에 밝혀지면서 해당 기업의 브랜드이미지가 큰 폭으로 저하하는 사건이 계속되고 있다. 이처럼 브랜드의 이미지를 큰 폭으로 실추시키는 원인의 상당수는 사소한 품질 관리 소홀과 문제가 없겠지 하는 안일한 사고, 그리고 소비자의 기대에 대한 약속을 간과한데서 발생한 사건들이다.

농식품의 경우는 안전하지 않으면 안 되는데, 그 '안전'이라는 고객의 기대를 배반해 버리면 브랜드이미지는 곤두박질치게 된다. 농식품은 '안전'이 품질의 제일 조건임에도 불구하고, 농약 검출과 금지농약 사용, 식중독 발생, 내용물 거짓 표시 등은 소비자의 '신뢰와 기대'를 배반하는 직접적인 요인이 된다.

이와는 다른 유형의 문제이지만, 기상불순으로 인한 농산물 품질저하문제를 당연시하며 고객과의 기대를 저버리는 경우가 종종 발생한다. 수년전에 국내 유명복숭아 연합사업단에서 기상 불순으로 인해 복숭아의 품질이 전반적으로 떨어졌으니 올해 복숭아 품질은 어쩔 수 없는 것 아니냐는 생각으로 형편없는 품질의 제품임에도 불구하고 자신들이 애써 육성하고 있는 유명브랜드를 붙여 팔았던 적이 있었다. 기상 조건에 따라 품질이 달라질 수밖에 없는 것이 농산물이라는 논리와 주장은 생산농가의 입장에서는 맞는 말이지만, 상품을 돈 주고 구매하는 고객으로서는 절대 수용할 수 없는 말이다.

유명 브랜드의 명성을 믿고 구입했던 고객들의 반응은 어떠했겠는가? 아마도 실망감을 넘어 배신감 같은 것을 느낀 소비자들도 있을 것이고, 이런 불쾌한 경험을 한 사람들은 결코 재 구매를 하지 않는 것은 물론 이거니와 수많은 타인들에게 부정적인 경험을 전했을 것이다. 이런 사례를 통해 얻게 된 뼈저린 경험을 품질 관리에 반영하지 않는 한, 결코 "선키스트"오렌지나 "제스프리" 키위처럼 고급 복숭아를 대표하는 파워 브랜드로 결코 성장하지 못할 것이다. 이와 같은 사건은 복숭아에만 국한된 사례라기보다는 아직도 전국적으로 발생하고 있는 문제라고 볼 수 있다.

또 다른 사례로는 인삼보다 효능이 뛰어나고 고소득 작물로 평가받고 있는 천마의 경우다. 천마 원료가 비싸다는 이유로 함량을 속인 천마로 만든 건강보조 식품이 판매됨으로써 보조식품에 대한 고객들의 신뢰가 추락되어 결국 천마 제품 판매에 애로사항으로 등장하고 있다. 이런 소비자 신뢰문제가 발생하게 된 원인 중에 하나는 천마의 주산지인 지역 작목반들이 눈앞의 이익에 빠져 악덕건강 보조식품 유통회사의 구미에 맞는 함량 부족의 제품을 생산 공급하여 천마에 대한 평판과 신뢰를 떨어뜨린 데도 그 책임이 있다는 사실 또한 간과해서는 안 될 것이다.

일본에서도 몇 년 전에 "현지 포도에 의한 국산 와인"이라는 마케팅으로 큰 인기를 끈 지역 와인이 있었다. 그런데 해당 지역의 선물로서 인기가 급상승하자 백화점에서의 특산품 코너나 통신 판매 등에서도 앞 다투어 판매를 시작하면서 제품 품절사태가 발생하였다. 이에 대한 대책으로 제품 표시 상 수입 원료를 사용해도 일본에서 가공만하면 '국산 와인'이라고 표시해도 괜찮다(합법적이다)는 생각에 서둘러 해외로부터 와인의 원료가 되는 포도를 수입해 와인을 생산하고, 고객들에게 별도의 설명 없이 '국산 와인'으로 판매하였다. 하지만 해외 포도로 만들었다는 사실이 밝혀짐과 동시에 그 와인의 인기는 급락했고 소비자들로부터 철저한 외면을 받게 되었다.

아마도 와인생산농가들의 입장에서는 눈앞에 돈 벌 수 있는 기회를 놓치고 싶지 않았을 것이고, 원료를 수입해 와인을 생산하더라도 품질 수준을 유지할 수 있고 또한 이것은 정부가 정한 원산지 표기에도 맞는 합법적인 방법이라고 판단했을 것이다. 그러나 중요한 것은 그런 결정을 소비자들은 어떻게 받아들일 것인가 하는 점은 고려하지 않았던 것이 결정적 실패의 원인이다. 바꾸어 말하면, 고객들이 그 와인에 요구하고 있던 것은 품질이 높다고 해도 수입한 원료를 바탕으로 제조한 와인이 아니고 현지에서 재배한 포도로 재조한 와인이었기 때문이라는 사실이다.

이와 같이 단순히 법률을 준수하고 범죄를 저지르지 않으면 된다가 아니라, 고객의 관점에서 소비자의 기대와 신뢰가 무엇을 의미하느냐를 정확히 파악하는 것과 이를 배반하지 않는 것이 브랜드 관리에 중요하다는 사실을 기억해야 할 것이다.

둘째, 브랜드를 낭비하거나 과용하지 마라. 브랜드 파워를 높일 수 있는 보다 우수한 신제품 개발을 지속하는 것이 브랜드의 신뢰와 명성을 유지. 강화시켜가는 데 중요하다. 그러나 신제품 런칭시 이미 구축된 브랜드의 명성과 파워를 이용하여 보다 적은 광고와 판촉비용으로 쉽게 마케팅하려는 생각에 기존 브랜드의 이미지와 신상품과의 연관성을 다각도로 검토해보지 않은 상태로 동일 브랜드를 사용하게 될 경우, 신상품을 알리는 데 있어서는 손쉽고 비용이 적게 들지는 모르겠지만 기본 브랜드의 이미지에 부정적인 영향을 주어 브랜드 신뢰와 파워를 약화시키는 것은 물론 충성고객의 이탈을 유발할 수 있음을 알아야 한다.

예를 들어, "햇사레" 복숭아의 경우 "햇사레"라는 이름으로 복숭아 쥬스와 복숭아 통조림, 복숭아 잼을 만드는 것은 제품 간의 유사성이 매우 높기 때문에 햇사레 브랜드 이미지를 강화시켜줌으로써 브랜드 연장 전략으로도 매우 효과적일 것이다. 그러나 "햇사레"라는 브랜드 파워만을 믿고 사과와 배에도 "햇사레"를 사용하고자 할 때, 과연 마케팅 상의 어떤 긍정적 효과와 부정적인 효과가 있겠는지 깊이 연구해야 할 것이다.

물론 유명 브랜드 네임을 사용하여 신제품을 런칭할 경우, 홍보와 마케팅 상에 비용 절약과 고객들에게 조기에 제품 출시를 알릴 수 있는 효과는 크다. 하지만 '사과와 배가 복숭아와 고객의 인식 상에 유사성이 높은 과일로 평가되고 동일한 브랜드를 사용할 경우 이미지상의 충돌과 괴리 현상은 없는 지' 와 복숭아. 사과와 배 품목별 품질 평가기준에 큰 차이는 없는지에 대해 브랜드 연장을 결정하기 전에 다각도로 검토하여야 한다.

그런데 사과나 배의 맛이 "햇사레 복숭아"와 같은 정도 혹은 그 이상으로 품질이 좋다면 문제가 없겠지만, 만일 우수 사과로 인정받을 수 있을 만큼 품질이 좋지 않을 경우 어떻게 되겠는가? 한편 비록 사과나 배가 "햇사레" 브랜드를 사용해도 손색이 없을 만큼 당도 품질이 매우 뛰어날 경우, 역으로 고객들은 "햇사레 복숭아"의 당도에 대해 의구심을 품게 될 수도 있다. 또한 만일 "햇사레 사과"나 "햇사레 배"가 "햇사레 복숭아"와는 달리 당도나 맛 그리고 육질에 차이가 있다고 고객들이 평가할 경우에는 "햇사레"복숭아의 브랜드 신뢰와 브랜드이미지는 점차 희미해지고 그 명성은 쇠퇴하게 될 것이다.

○ 브랜드 소개

"햇사레"란

- "햇사레"란
'풍부한 햇살을 받고 탐스럽게 영근'이라는 의미를 지닌 햇사레는 장호원, 경기동부과수, 감곡, 음성 농협이 연합하여 개발한 복숭아 공동브랜드입니다.

- 연상이미지
· 따뜻하다, 신선하다, 깨끗하다, 잘 익은것 같다.
· 방금 다온 봉숭아 같다.

〈 자료 : www.hessare.co.kr/brand/ 〉

이와 같이 품질 수준이 낮거나 제품특성이 서로 다른 상품에 파워 브랜드명을 사용하는 일은 스스로 브랜드 신뢰와 이미지를 절하시키는 결과가 발행한다. 이러한 '브랜드 낭비나 과용'을 막는 것 또한 브랜드 관리상에 매우 중요한 일이다.

셋째, 브랜드 진부화(陳腐化)를 막아라. "성주참외"나 "고창 수박" "나주 배" "상주 곶감"이나 "햇사레" 복숭아처럼 고객들로부터 호평과 신뢰를 받으며 잘 팔리고 있는 상품은 장기적으로 그 품질수준을 향상시키거나 일정수준 이상을 유지하는 것이 매우 중요하다. 그렇다고 해서 제품 품질이나 특성을 전혀 바꾸지 않고 있는 편이 좋은가 하면 당연히 "NO"이다. 왜냐하면 소비자의 기호는 지속적으로 바뀌기 때문에 브랜드 신뢰와 명성을 유지하기 위해서는 지속적으로 고객의 기호 변화에 맞추어 보다 나은 품질의 제품개발이나 신품종 개발이 요구되는 것이다. 하지만 충남 "당진 쌀" "무등산 수박" "관광도시 경주"처럼 시대와 고객의 변화흐름에 맞게 지속적으로 품질 향상과 보다 훌륭한 관광컨텐츠를 개발하기 위해 노력하지 못한 경우에는 아무리 유명한 브랜드였다 할지라도 시간과 함께 쇠퇴해 버릴 수도 있다.

국내에서 가장 인기리에 팔리고 있는 "하이트 맥주"조차 출시해서 1위 브랜드가 된 이래 지금까지 몇 번이나 보다 신선한 맥주 맛을 제공하기 위한 품질 향상과 고객과의 유대관계를 강화하기 위해 끊임없이 노력하고 있다. 또한 소비자의 기호 변화에 맞추고 지속적으로 브랜드에 신선감을 불어 넣기 위해 맛이 뛰어난 보리 맥주 "맥스(Max)", 흑맥주 "스타우트(Stout)"와 같은 신상품 개발을 지속하고 있다. 이와 같이 브랜드란 항상 소비자로부터의 신뢰와 평가를 높이는 노력을 지속하는 것이 '브랜드 진부화 방지'를 위해 필요하다.

〈 자료 : www.hite.com/history/label.asp 〉

　한편 브랜드 진부화의 또 하나의 요인은 바로 경쟁사가 유사 상품을 출시하거나 보다 뛰어난 신상품을 출시하는 경우다. 아무리 브랜드 품질수준을 일정하게 유지하고 있다 할지라도 뛰어난 경쟁제품으로 인해 고객 인식 상에 우리 브랜드 이미지가 상대적으로 진부화해 버리는 것이다.

　예를 들어, 경남 "경산 대추"의 경우, 최근 "충북 보은의 수퍼 대추가 전국적으로 명성을 빠르게 얻게 된다면 지역브랜드 이미지가 상대적으로 쇠락할 가능성이 매우 높다. 또한 경북 "청도 소싸움 축제"가 진주나 타 도시에서 보다 창의적인 컨텐츠를 다양하게 개발하여 고객들로부터 큰 호음과 신뢰를 얻게 된다면 소싸움 축제의 고장이라는 대표 이미지는 실추하게 되고 결국 고객들로부터 외면당하게 될지도 모른다. 최근 호남 지방에서 생산되는 쌀들의 품질 이미지가 크게 향상되고 있는 상황에서 경기도 임금님표 이천쌀과 강원도 철원의 오대쌀이라고 해서 언제까지 높은 브랜드 프리미엄을 누릴 수 있다고 누가 장담할 수 있겠는가?

이런 브랜드 이미지 진부화를 막기 위해서는 "유사 상품이 출현하지 않도록 상표권으로 브랜드를 지키는 일도 필요하지만, 보다 중요한 것은 고객들로부터 지속적으로 사랑받을 수 있도록 지속적인 품질 향상과 보다 우수한 상품 개발을 위해 힘쓰는 일이다.

앞에서 살펴 본 것처럼 브랜드 육성 못지않게 브랜드 가치를 지키고 향상시키기 위한 전략적 브랜드관리 또한 중요하다는 사실을 인식해야 할 것이다. 그 대책으로 첫째, 소비자의 기대 배반, 둘째, 브랜드의 낭비나 과용, 셋째, 브랜드 진부화를 막는 3가지 방향에서 보다 적극적인 대처가 요구된다.

지역브랜드 성공법칙 22

성공법칙 1 지역브랜드는 단순히 구축하는 것이 아니라, 지역 활성화로 연결시킬 수 있는 사업모델 개발이 필수적이다.

성공법칙 2 지역자원을 개별적으로 개발하기보다, 전략적 방향성을 갖고 종합적으로 지역의 매력을 브랜드로 만들어라.

성공법칙 3 지역브랜드에 적합한 창의적인 아이디어와 마케팅 마인드로 새로운 관광 컨텐츠를 개발하라.

성공법칙 4 파워 브랜드를 만들기 위해서는 상품 자체의 물질적인 가치보다 심리적이고 이미지적인 부가가치를 높여라.

성공법칙 5 고객만족을 넘어 고객감동을 창출하고 구전효과로 신규고객을 창출하라.

성공법칙 6 고객이 인정하는 파워브랜드는 생산자의 일관된 정성과 노력에 의한 차별화된 가치로 만들어진다.

성공법칙 7 고객의 니즈를 충족시키는 것만으로는 파워 브랜드가 되지 않는다. 고객의 마음에 강하게 남는 색다른 가치를 내세워라.

성공법칙 8 브랜드를 사용한다는 것은 이제부터 브랜드 관리, 마케팅활동, 품질관리 등을 체계적으로 실시하겠다는 선언이며, 이를 실천하라.

성공법칙 9 파워 브랜드를 만들려면 4가지 특징(가치, 다움, 신뢰, 일관성)을 갖추어라.

성공법칙 10 관점에서의 "스토리"를 만들고, 스토리로 브랜드 매력을 전달하고 홍보하라.

성공법칙 11 지역브랜드는 상품만을 파는 것이 아니다. 고객의 체험을 함께 마케팅하라.

성공법칙 12 지역브랜드의 매력을 효과적으로 전달하고, 단기간에 매력을 강하게 인식시키려면 "아이콘"를 활용하라.

성공법칙 13 브랜드 마케팅에 있어 자화자찬식 메시지보다 제3자의 권위와 체험을 적극 활용하라.

성공법칙 14 지역에서 생산된 농산물만을 사용하는 "진품 브랜드"를 고수하라.

성공법칙 15 브랜드의 차별화와 매력을 높이기 위하여 원산지규정을 엄격하게 관리하라.

성공법칙 16 자기지역만의 매력과 가치관이 담겨진 브랜드를 구축하라.

성공법칙 17 고객의 불만이나 불평은 발생초기에 신속하고 진지하게 해결하라.

성공법칙 18 파워 브랜드일수록 사소한 사건으로 브랜드 명성이 무너질 수 있으니 브랜드 관리를 철저히 하라.

성공법칙 19 브랜드 관리를 전략적이고 체계적으로 실행할 조직 체제를 갖추어라.

성공법칙 20 지역 브랜드 이미지 향상과 경제 활성화에 초점을 맞춰 조직관리와 인재를 육성하라.

성공법칙 21 브랜드 만들기와 관리체계 구축은 동시에 하라.

성공법칙 22 파워 브랜드는 "유사상품"이 출현할 가능성이 높다. 이를 막기 위한 브랜드관리 체계를 갖추어라.

지역브랜드 운영조직

지역브랜드 또는 공동브랜드 전략 수립 실행에 있어서 가장 먼저 필요한 것은 브랜드 경영 및 관리를 전담할 추진팀 구성과 운영 시스템을 구축하는 일이다. 브랜드전략은 행정, 생산부문 (농·특산물 분야, 가공식품 분야, 관광 분야, 특화 산업이나 클러스터 사업부문), 판매 유통 부문, 브랜드 관리 부문 등 브랜드 관련 모든 사람들이 상호협력 하에 시스템으로 일해야만 성공적으로 실행할 수 있는 것이다. 즉 효과적인 브랜드 경영을 위해서는 반드시 브랜드 전략 전체를 운영 관리하는 전담조직이 필요하다. 지역브랜드의 경우는 자치단체장 직속으로 기획실 내에 브랜드 운영팀을 구성하는 것이 바람직하고, 지역 공동브랜드의 경우는 브랜드를 사용하고 운영 및 관리를 담당할 연합사업단의 단장을 최고 책임자로 임명하고, 자치단체가 행정적으로 협력하는 체제 형태로 조직을 구성하는 것이 효과적이다.

앞에서 설명한 대로 지역브랜드 전략은 농·특산물, 관광, 지역 특화산업을 망라하는 것을 감안하여 지역 전체의 산업정책을 통괄하는 단체장이나 부 단체장이 최고 책임자가 되어 운영하는 시스템이 바람직하다. 따라서 지역브랜드화 전략이 성공하기 위해서는 행정기획, 농업, 식품 가공, 관광, 클러스터 사업 등의 분야에 브랜드 관리자와 해당 부문 공무원들이 직접 업무를 담당하도록 팀을 구성하고 운영하는 것이 효과적이다.

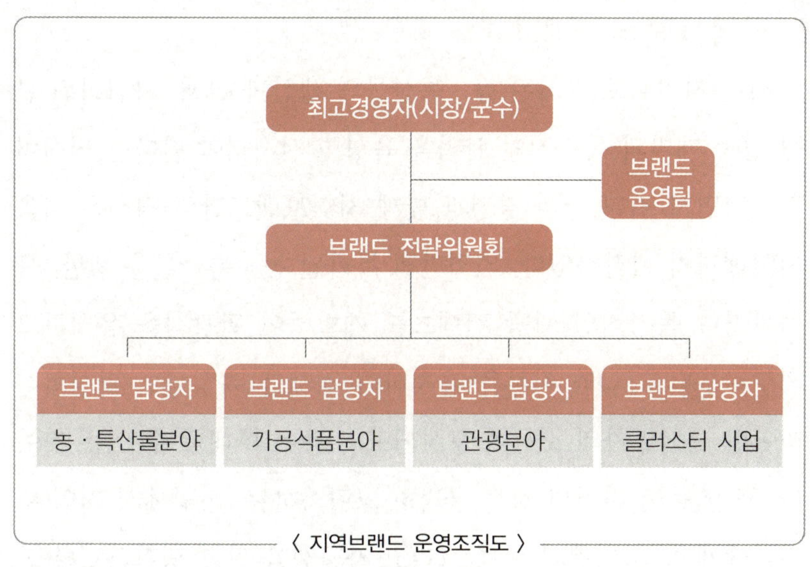

〈 지역브랜드 운영조직도 〉

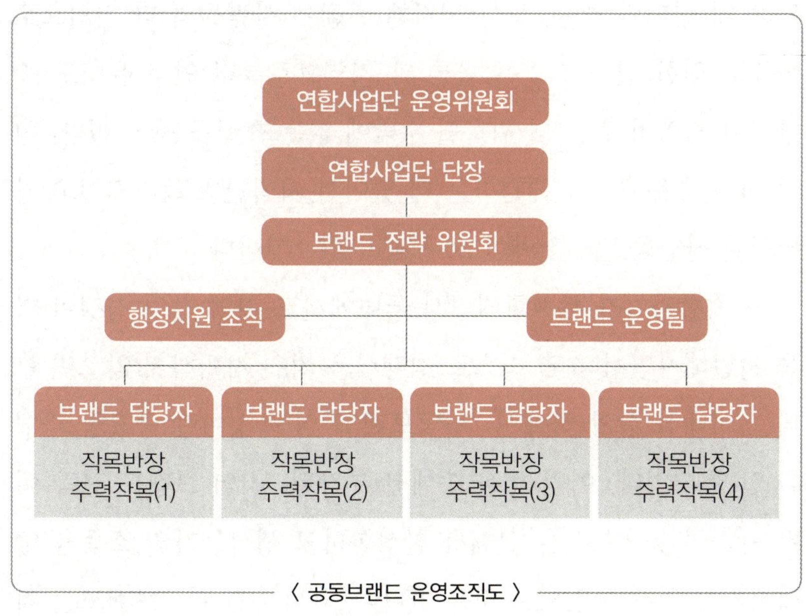

〈 공동브랜드 운영조직도 〉

지역브랜드 도입효과

최근 지역별로 특화된 농·특산물의 생산과 판매, 차별화된 관광 상품 개발과 독자적인 산업을 육성 발전시켜야 한다는 인식이 확산되면서 지역 간의 경쟁과 함께 지역브랜드간의 경쟁은 더욱 치열해지기 시작하였다. 지역만의 특화된 농·특산물을 생산. 육성하거나 독창적인 관광 컨텐츠를 개발하여 관광객을 유치하고 외부로부터 기업과 자본을 유치하여 경제를 육성하고 활성화시켜야만 생산농가의 소득이 향상되고 고용이 확대할 수 있는 것이다. 또한 농촌 지역의 경우 급격히 고령화하는 상황에서 지역 주민들에게 삶의 기쁨과 활력 그리고 자긍심을 갖고 생활하도록 만드는 데 실패할 경우, 모든 지자체는 젊은 사람들의 타 지역으로 이주로 인한 인구 감소는 물론 타 지역으로부터 인구 유입도 중단되어 지역이 점점 더 위축될 수밖에 없는 현실을 맞고 있다. 이런 지역의 문제점을 해결하는 데 있어서 지역만의 독자적이고 차별화된 산업화 발전전략이 요구되고 있는 것이다.

즉 지방자치가 본격화되면서 국내에서도 지역 간의 경쟁이 더욱 치열해지면서 지역 스스로 경쟁력을 키워 자립하지 않으면 안 되는 시대적 상황 하에서 "지역브랜드"의 육성이란 중요한 과제를 안게 되었다. 이런 현실 속에서 부각된 "지역 브랜드 전략"이란 단순히 농·특산물 판매를 활성화하고 생산농가의 소득을 증대시키기 위해 도입되는 것은 아니다. 왜냐하면 지역브랜드는 지역별로 보유 자원과 역량을 기반으로 지역만의 농·특산물을 개발육성하고 차별화된 관광 상품이나 새로운 산업육성에 큰 영향을 미치기 때문이다. 그러나 "지역브랜드"라는 말은 수년전 까지만 해도 단순히 지역의 농·특산물을 대변하는 것으로 사용되어 왔고, 또한 "지역 브랜드란 판매가 부진한 지역 농·특산물의 판매지원 수단이나 방법이고 이를 위해 도입하는 것"이라 잘못 생각해 왔던 것이 사실이다.

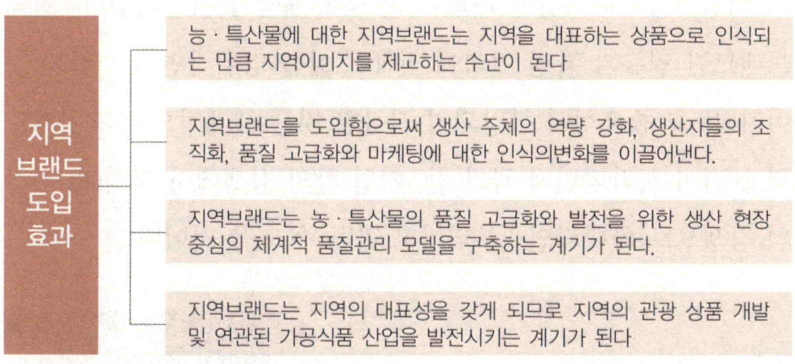

그러나 농·특산물의 경우 중국이나 칠레 등 세계 각국으로부터 쏟아져 들어오고 있는 저가의 농·특산물과 경쟁하기 위해서는 이제는 가격경쟁력 중심의 사고에서 벗어나 '고품질 상품 생산과 브랜드 마케팅'으로 과감한 방향전환을 해야 하는 상황에 놓여 있다. 또한 우리나라가 성숙. 고령화 사회로 진입하고 있는 상황에서 국가 경쟁차원에서뿐만 아니라 국민들의 삶의 질을 향상시킴에 있어서 "농어촌 지역의 중요성"이 새롭게 부각되고 있으며, 이를 위한 "지역만의 특화된 산업화", "특정지역만의 차별화된 발전전략"의 중요성이 부각되고 있다. 따라서 지역브랜드가

성공하기 위해서는 지역브랜드의 개발과 육성에 지역 주민의 적극적 참여와 협력이 필수적이라는 사실을 기억해야 한다. 지자체는 지역주민 스스로 지역브랜드의 중요성을 자각하고 관심과 애정을 갖도록 다양한 계도와 교육을 강화하고 지역브랜드를 육성하는데 앞장서도록 만들어야 한다.

이런 사실에도 불구하고 지자체들의 경우 대부분은 "지역브랜드"역할과 그 중요성에 대해 최근에야 깨닫기 시작하였다. 지역브랜드란 인류가 특정 지역에 정착해 삶을 영위하면서 시작된 것이지만, 그 중요성이 부각되기 시작한 것은 세계적으로 자치제도의 물결이 시작되면서 국가 간. 기업 간의 경쟁에서 지역(도시)간의 경쟁으로 확대되면서부터라고 말할 수 있을 것이다.

〈 자료 : www.icheon-rice.com 〉　　　〈 자료 : www.cwg.go.kr/
cheorwon/framming 〉

경기도 이천 쌀과 강원도 철원 오대 쌀이 고객으로부터 인기를 끌면 끌수록 다른 지역의 쌀은 국내 최대의 소비시장인 서울·경기 지역에서 마케팅하기 어려운 상황에 빠지게 된다. 이와 마찬가지로 전남 함평의 나비축제나 강원도 화천의 산천어축제가 성공하면 할수록 그 축제 기간 동안 인근 지역들의 관광객 유치는 어려움을 겪게 될 수밖에 없을 것이다. 이런 상황을 타파할 수 있는 유일한 방법이란 우리 지역만의 독창적이거나 차별화된 농·특산물의 생산이나 뛰어난 관광 콘텐츠를 개발하는 것뿐이다.

이런 지역브랜드란 마케팅 효율성이나 생산성을 높이기 위한 수단인가? 아니면 장기적으로 경쟁력을 강화시키고 타 지역과의 차별화와 자신들만의 특화를 위한 것인가? 이 문제에 대해 깊이 생각해보는 것은 지역 브랜드의 역할과 중요성을 올바르게 이해하고 공감하는 데 있어서 필수적이라 말할 수 있다.

예를 들어 화천에서 산천어축제가 성공했다고 인제에서 나도 그들과 똑같은 것을 하겠다고 하고, 함평의 나비축제가 성공했으니 우리도 나비축제를 열겠다고 한다면 과연 고객들이 찾아와 주겠는가? 우리가 그들보다 적은 비용으로 동일한 축제를 개최한다고 해서 누가 모방상품에 관심과 흥미를 갖겠는가? 물론 비용 효율성은 높을 것이다. 그러나 고객이 찾지 않는 상품이 '비용 효율성이나 가격 경쟁력'을 가진들 무슨 소용이 있겠는가? 이미 지역 간에 가격경쟁력을 내세운 농·특산물 생산성이나 비용효율성 경쟁이 아니라, 누가 고객이 원하는 고품질의 상품이나 서비스 또는 관광 콘텐츠를 만들어낼 수 있느냐는 지역별 차별화된 가치창출 경쟁시대에 돌입하였다. 과거처럼 획일화된 농산물, 염가의 농산물 생산판매이란 고정된 사고에서 탈피하여 어떻게 하면 타 지역에 없는 농·특산물과 가공식품산업을 육성하고, 지역 자원이 결합된 독특한 관광 상품을 만들어 내는가가 중요해졌다.

3. 지역브랜드와 공동브랜드는 다른 것이다.

지역브랜드와 공동브랜드의 도입 목적
지역브랜드와 공동브랜드의 차이점

3. 지역브랜드와 공동브랜드는 다른 것이다.

지역브랜드와 공동브랜드의 도입 목적

　지역브랜드나 공동브랜드는 잘 팔리지 않는 지역상품을 파는 수단이나 방법이라기보다는, 잘 팔리던 상품을 고객들로부터 보다 깊은 신뢰와 사랑을 받으며 지속적으로 잘 팔릴 수 있는 장수상품을 만들기 위한 마케팅 방법으로 접근하는 것이 바람직하다. 왜냐하면 특정지역에 살고 있는 사람이라면 모두 과거의 선배들로부터 그 지역과 지역의 역사와 전통. 문화유산을 물려받았던 것을 미래세대에게 보다 나은 모습의 지역과 지역 명, 명성과 이미지를 물려주어야 하기 때문이다.　그렇다면 "어디 출신이냐?"는 질문이나 "나는 어느 지역 출신이다"라고 말하며 살아갈 그들에게 당신은 어떤 지역 브랜드를 물려줄 것인가?

　지역브랜드 전략을 수립·육성하는 일이 오늘날 농·특산물의 판매를 효과적으로 지원하여 경제를 활성화하고 특화된 지역으로 발전시키기 위한 방편으로 도입하는 것을 부인할 수는 없지만, 지역브랜드란 긴 시간으로 보면 미래 세대에 물려줄 중요한 자산 중의 하나임을 깨달아야 한다. 특정 공장이나 산업은 사라질 수 있지만, 지역명이란 수백 년 아니 자손대대로 이어져나가며 그 지역의 후손들이 누리게 될 모든 긍정 또는 부정적 가치를 나타내는 상징이기 때문이다.

지역 브랜드 마케팅이란 "지역브랜드에 긍정의 이미지를 물려줄 것인가 아니면 부정의 이미지를 전할 것인가?" "특색 있고 가치가 담긴 지역브랜드를 물려줄 것인가 아니면 평범하고 누구도 찾지 않으면 흥미를 느끼지 못하는 지역브랜드를 넘겨줄 것인가?"를 결정하는 것이다. 따라서 지역브랜드란 지역 주민들에게 "미래의 희망과 용기 그리고 자긍심"을 심어 주는 상징이어야 하며, 지역의 보유자원과 역량을 총결집시켜 타 지역과 다른 우리만의 특별한 가치를 상징하는 것으로 만들어야 하는 것이다.

한편 지역브랜드를 내세운 마케팅은 세계적인 지역(도시)경쟁 시대를 맞이하여 단순한 농·특산물이나 관광산업만의 육성이 아니라 살고 싶은 정주도시, 또는 특화된 지역산업 육성하여 지역경제를 활성화하려는 것이다. 그리고 특정 지역의 정체성을 확립하고 지속적 지역 성장의 방향성을 결정하는 나침반 역할을 하도록 만들려는 것이다. 이러한 지역브랜드와 공동브랜드의 도입 목적과 효과는 다음과 같다.

첫째, "고창 복분자술", "보성 녹차", "함평 나비축제", "보령 머드축제" 등처럼 지역특산물이나 관광 축제에 지역브랜드 도입을 계기로 새롭게 지역의 상징이나 새로운 지역 정체성을 확립하는 것이다. 따라서 새로운 지역 이미지의 구축은 전략적이고 장기적 관점에서 접근되어야 한다. 왜냐하면 고객들의 마음속에 "특정 지역을 상징하는 대표적인 상품이나 축제로 무엇이 각인

되느냐"와 "농·특산물 또는 관광축제 중 무엇이 지역을 대표하는 이미지로 인식되느냐"에 따라서 향후 지역 농·특산물 마케팅은 물론 관광 산업 발전과 이로 인한 미래 가치창출의 규모 또한 크게 영향을 받게 되기 때문이다.

〈 자료 : http://www.mudfestival.or.kr/index.jsp 〉

예를 들어, 강원도 평창군이나 전북 무주군처럼 소비자들에게 스키장이나 리조트나 팬션이 유명한 지역으로 강하게 인식되어 있을 경우, 평창이나 무주라는 지역명을 내세울 경우 지역의 관광활성화나 관련 산업육성에 도움이 될 수 있을지 모르겠지만, 고객들에게 평창이나 무주를 친환경 고품질의 농·특산물 생산지로 인식시키기는 쉽지 않을 것이다. 반면에 반딧불 동네, 나비마을, 산천어 지역, 자연송이 산지로 알려진 지역이라면 어떤 농·특산물을 내세우더라도 고객들에게 농산물의 생산지로써 최소한 호의적인 인상을 갖게 만들어 줄 것이다.

강원도 화천이나 전남 함평처럼 전국적으로 농·특산물. 관광 분야 등에서 지명도도 높지 않거나, 경주나 안동처럼 남다른 역사나 문화 전통이 빼어나지 않거나 보령이나 설악산처럼 아름다운 자연환경조차 갖지 못한 지역일지라도 고객에게 어필할 수 있는 상품이나 컨텐츠를 개발하면 새로운 승자로 등장할 수 있다.

그렇다 할지라도 창의적인 아이디어개발을 통해 경쟁력이 뛰어난 지역 농·특산물 개발이나 관광축제를 육성하는 것이 결코 쉬운 일은 아니다. 그러나 글로벌 경쟁과 무한 경쟁의 시대에 살아남기 위해서는 타 지역에 비해 뛰어난 자연이나 환경, 문화, 전통기술이나 요리, 농·특산물을 갖고 있지 못한 지역일지라도 고객들의 새로운 욕구를 자극하고 새로운 고객가치를 창출할 수 있는 창의적인 아이디어를 보다 적극적으로 발굴하는 것이 중요해진 시대가 되었다.

"충북 보은군의 수퍼 대추", "전남 신안군의 천일염"처럼 특화된 농수특산물이나 식품을 개발하거나, "화천의 산천어축제", "함평의 나비축제", "이천의 도자기축제"와 같은 관광 상품 개발을 계기로 지역의 인지도나 이미지를 높여 가는 것은 물론 지역경제를 활성화시켜가는 것이 지역상품을 활용한 지역브랜드 전략이다. 최근 이러한 지역브랜드화 노력이 전국에서 활발하게 진행되고 있다. 그러나 이런 노력에 찬물을 끼얹고 있는 것들 중에 하나가 지자체들이 타 지역에서 시작되어 유명해진 농·특산물 도입이나 동일한 축제나 녹색체험마을과 같은 관광프로그램 등을 그대로 모방하여 실시하는 일이다. 이와 같은 지자체들의 '따라하기 흉내내기' 결과들을 보면, 엄청난 예산만을 낭비할 뿐 제대로 소비자들은 물론 지역주민들로부터 호응을 받고 있는 경우는 거의 없다.

다만, 해당 상품이나 심볼이 지역의 이미지와 유사하거나 연관성이 높고, 지역의 보유자원이 뛰어날 경우라면 타 지역의 농수특산물 육성정책이나 관광축제나 전략을 벤치마킹하는 방법도 효과적일 수 있다.

한편 지역의 매력을 구체화한 것이면, 히트 상품 창출은 지역이미지 향상으로 연결시킬 수 있다. 이와 반대로 지역의 이미지와 다른 상품이거나 지역의 특화산업이나 관광등과의 연관성이 미약할 경우에는 비록 일시적으로 히트 상품이 만들어졌다고 해도, 일정기간 이상으로 일관되고도 체계적인 각별한 노력을 하지 않는 한 지역경제의 활성화로 이어지지는 않는다. 이런 지역브랜드 상품은 단지 특정상품 생산과 판매에 따른 소득의 창출로만 끝나는 것이 아니라 보다 적극적인 아이디어의 개발이 더해질 경우, 해당 상품이나 축제와 더불어, 그것을 응용한 상품이나 서비스(레스토랑, 가공 식품, 캐릭터 상품, 상호 연계된 관광 상품과 패키지 상품 등)를 개발해 나감으로써 보다 다양한 고객욕구를 창출하고 지역경제 활성화에도 크게 기여할 수 있게 된다.

둘째, 브랜드 도입은 생산농가와 작목반, 연합사업단의 브랜드에 대한 의식을 고양시키고, 고객지향적인 브랜드 마케팅에 대한 인식을 새롭게 하는 계기가 된다. 어느 지역이나 마찬가지로 경쟁력 향상과 판매 안정화, 생산농가 소득 증진이라는 공동의 과

제를 갖고 있으면서 생산농가와 단위농협, 연합사업단과 자치단
체간의 의사소통이 충분하지 않아 협력 사업이 매우 어려웠던 것
이 사실이다. 그러나 타 지역처럼 공동브랜드를 갖게 되는 것을
계기로 마을이나 면 단위의 행정구역 또는 단위 농협이나 영농조
합을 초월하여 파워브랜드 육성과 브랜드 프리미엄의 획득, 안정
적인 판매확보라는 공동의 목표와 비전을 공유하고 서로간의 협
력을 이끌어내야 한다. 이와 같은 역할을 하는 공동브랜드 도입
은 생산농가들이나 관계자들에게 자부심과 의욕을 높일 수 있는
기회로 만들 수 있다.

지역브랜드나 지역공동브랜드의 도입은 소비자의 변화하는 욕
구에 부응하여 해당지역에서만 생산되는 특산품의 경쟁력을 향
상시키려는 정책의 일환이며, 이를 계기로 지역농업의 활성화가
이루어지도록 노력해야 한다. 하지만 아직도 많은 지역에서는 최
고 품질의 상품개발이나 보다 적극적인 브랜드 마케팅은 등한시
한 체, 과거의 방식 그대로 단순히 판매증진과 브랜드 네이밍과
BI 작업에 매달리는 곳이 많다.

한편 아직도 많은 생산농가들의 경우 "왜 농민인 우리가 마케
팅 교육을 받고, 힘들게 패키지 개발이나 브랜드 마케팅을 하라
고 하느냐?, 우리는 생산만하고 판매는 정부나 자치단체에서 알
아서 해주어야지?"하는 비판적인 시각을 가진 사람들이 아직도
적지 않다. 즉, 자신이 사업의 주체라는 생각은 잊고 정부나 지자
체가 자신들을 대신하여 모든 마케팅의 문제를 책임져주어야 한

다고 생각하는 것이다. 즉 고객 들이 요구하는 우수한 품질의 상품 생산과 품질관리, 브랜드 마케팅의 중요성과 육성 노력에 대해서는 백안시하고 있는 생산농가들이 적지 않은 것이 현실이다. 그러나 가격경쟁력이 뛰어나고 양질의 해외 농수산물의 수입이 급증하고 국내산 농산물의 생산량 또한 꾸준히 증가하는 시장 및 경쟁 환경 하에서 고객으로부터 생산제품에 대한 신뢰와 호의적인 브랜드 평판을 얻지 못하고는 생존경쟁조차 뚫고 나갈 수 없게 되었다.

지역공동브랜드의 도입은 단지 "우리도 브랜드를 도입 한다"는 것을 목적으로 하는 것이 아니라, 고객으로부터 인정받는 브랜드 상품으로 만들어 경쟁력을 향상시키기 위함이다. 이런 목적을 달성하기 위해 브랜드를 어떻게 활용하고, 지역브랜드나 공동브랜드 전략을 어떻게 수립 시행하여 고객들로부터 신뢰받는 브랜드를 육성하면, 지역경제에 얼마나 큰 효과를 얻을 수 있을 지에 대해 보다 철저한 연구와 준비가 요구된다. 또한 이런 브랜드를 도입하는 것을 지역의 생산농가와 단위 농협이나 영농조합법인, 연합조직 간의 결속 강화와 조직화를 통한 규모화의 계기로 만들어야 할 것이다.

셋째, 브랜드 도입은 농·특산물의 품질과 이미지 관리를 보다 강화하도록 이끌어 준다. 고객으로부터 높은 신뢰와 평가를 받고 있는 브랜드나 기업들을 보면 최고의 상품이나 서비스를 생산하기 위해 최선을 다할 뿐만 아니라 품질향상을 위해 끊임없는 노력을 한다. 또한 그들은 고객의 신뢰를 지키고 자신들의 명성을 지키기 위해 경쟁자보다 품질 향상과 차별화된 브랜드 이미지 창출을 위해 배전의 노력과 정성을 다하고 있다. 고객들이 안심하고 믿고 구입할 수 있도록 만들기 위해서는 무엇을 어떻게 해야 할까에 대해 항시 고민하고, 이를 위한 아이디어 발굴에 힘을 쏟는다. 삼성전자가 TV나 휴대폰에서 세계 시장을 석권하게 된 비결이 바로 여기에 있다.

새롭게 지역브랜드나 공동브랜드 도입을 목표로 하고 있는 지역이나 이미 시행하고 있는 지역의 경우, 어떤 품목에 브랜드를 사용하고, 각각의 품목에 대한 품질 규격과 관리 규정이 명확하게 되어있지 않은 경우가 많다. 이에 반해 "성주 참외"는 엄격한 품질관리 활동을 통해 고객들로부터 높은 신뢰를 획득하고 그 결과 타 지역의 참외보다 30% 가량 고가로 판매되고 있다. 공동브랜드를 도입하면서도 품질 관리의 중요성을 인식하지 못한 지자체들의 경우의 대부분은 일관되고 엄격한 품질관리 활동을 지속하지 못하고, 장기적인 관점에서의 체계적이고 통합적인 브랜드전략을 수립하지 못한 체 단기적인 광고와 판촉활동에 힘을 쏟고 있는 실정이다.

브랜드를 도입하는 목적 중의 하나가 고객으로부터 좋은 브랜드 평판을 구축하여 브랜드 프리미엄을 획득하는 것인데, 엄격한 품질관리 규정과 브랜드관리에 대한 원칙도 없이 어떻게 고객으로부터 인정받을 수 있는 브랜드를 만들 수 있겠는가? 브랜드의 대표 상품이 명확하지 않고, 품질관리에 일정한 원칙과 엄정한 실행이 없는 상품은 결코 고객으로부터 높은 신뢰와 평가를 얻을 수 없다.

한편 브랜드관리에는 제스프리의 "골드 키위"와 같은 우수한 신상품의 개발과 높은 품질을 유지하기 위한 품질 향상과 엄격한 품질관리 노력이 요구된다. 또한 소비자의 요구를 보다 적극적으로 반영한 마케팅을 실행하려는 자세가 필요하다. 이를 위해 생산농가와 작목반, 단위 농협과 영농조합법인, 연합사업단과 자치단체 간에 진지한 논의와 대처 방안을 수립. 실행할 경우 브랜드의 도입효과를 크게 얻을 수 있다.

넷째, 타 지역 상품과 차별화시켜 주고, 또한 해당 상품이 파워브랜드가 될 경우 상표도용이나 원산지 위조품으로부터 일정부분 지켜준다. 최근 "원산지", "농약", "식중독", "조류 독감", "멜라닌 파동"등과 같은 식탁의 안전을 위협하는 사건이 끊임없이 발생하고 있는 가운데, "농산물 원산지"에 대한 소비자들의 관심이 고조되고 있다.

예를 들면, 중국산 김치나 각종 농·특산물이 국산으로 둔갑하기도 하고, 금지된 농약이 사용된 농·특산물이나 수산물이 증가하면서 안전한 먹거리가 없다는 불안이 확산되고 있고, 국내 농축수산물에 대한 불신마저 증가하고 있는 실정이다. 지역브랜드나 공동브랜드를 등록하는 목적 중의 하나는 지역명이나 공동브랜드를 붙인 상품이나 서비스를, 타 지역 생산된 농·특산물로부터의 "상표도용"이나 중국을 중심으로 수입된 상품의 "원산지 위장"으로부터 지키는 것이다.

또한 추석이나 설날과 같은 명절이 되면 타 지역의 배가 "나주 배"로 둔갑하거나 이천 쌀의 명성을 이용하여 비싼 가격에 제품을 팔고자 "경기도 임금님표 이천 쌀"이라는 상표를 도용하는 경우가 자주 발생하고 있다. 게다가 수입쌀이나 인도산 수입참깨, 수입쇠고기 등을 국산이라고 속여 파는 경우가 지속적으로 발생하고 있다.

이런 가짜 상품의 출현은 소비자를 혼란시켜 안전한 먹거리에 대한 불안을 가중시킬 뿐만 아니라, 지역의 생산농가들의 귀한 땀과 노력으로 만들어 놓은 브랜드의 신뢰를 저하시키게 된다. 이런 가짜 상품의 출현으로 인해 입게 될 가장 큰 문제점은 국산 농·특산물에 대해 불신뿐만 아니라 유명지역 농·특산물에 대한 고객의 불신을 초래하여 농업 경쟁력을 저하시티는 것이다. 이런 부정적인 문제점의 출현을 막고 최소화하려는 것이 브랜드화의 목적이기도 한 것이다.

〈 자료 : 2009년 4월 14일 YTN뉴스에서 Capture한 것임. 〉

이와 같이 지역브랜드를 상표 등록하여 해당 지역 농수·특산물에만 사용하려는 목적 중의 하나는 지역 이외의 제삼자가 지역 명칭을 마음대로 사용해 지역브랜드 이미지의 평가저하 시키거나, 본래 브랜드 신뢰획득을 통해 얻을 수 있었던 프리미엄의 감소를 막으려는 것이다.

한편 이런 브랜드화의 목적을 달성하기 위해서는 등록된 상표가 부당하게 이용하고 있는지를 감시하는 조직운영과 감시활동 노력이 병행되어야 한다. 특히 생산자들도 조차 첫눈에 위조품이라고 판단할 수 없을 정도의 상품이 유통된다는 사실에 주목해야 한다. 따라서 고객들이 진품과 위조 상품인 것을 한 눈에 식별할 수 있도록 하는 효과적인 방법이나 수단의 개발이 필요하다. 예를 들면, 상품 포장에 전자태그 시스템의 도입이나 생산제품 출하번호와 생산자 이력추적제를 동시에 실시하거나 상품에 홀로그램 등을 부착함으로써 간단하게는 위조할 수 없도록 하는 방법도 효과적일 것이다. 또한 이런 노력과 함께 고객들에게 위조품을 식별할 수 있는 방법을 적극적으로 홍보하는 것도 위조품의 유통을 차단하는 효과를 갖게 될 것이다.

"햇사레"복숭아나 "나주배" "성주참외"처럼 일정한 지명도를 얻고 있는 인기 상품인 경우, 브랜드 신뢰저하와 이에 따른 이미지 실추를 막기 위한 적극적인 상표도용 방지와 위조품 방어대책이 필수불가결하다. 하지만 지역브랜드나 공동브랜드 사용 당사자(자치단체, 연합사업단, 생산농가와 작목반)들만의 힘과 노력만으로는 그 한계가 있다. 따라서 "원산지를 속이는 가짜 상품"의 출현을 근본적으로 막기 위해서는 정부차원에서 가짜 상품이 유통될 때 끝까지 추적하여 가짜 상품 생산자와 유통업자를 엄벌에 처할 수 있도록 하는 보다 엄격한 법의 제정과 강력한 법의 지속적인 시행이 필요하다.

특히 범국가적인 위조 상품 감시시스템의 구축과 운영에 상당한 비용과 인력이 소요되는 만큼, 정부와 자치단체간의 보다 적극적 노력이 절실하다. 이와 같은 위조 상품의 철저한 단속은 단순한 위조 상품 방지로 끝나는 것이 아니라 해외 농·특산물 수입증가로부터 국내 농·특산물을 보호하고 생산 농가를 실질적으로 지원하는 효과를 갖는 것이다. 따라서 연합사업단, 생산농가와 자치단체만의 자체적인 노력과는 별도로 정부와 언론의 집중적이고도 지속적인 관심과 발본색원하려는 의지와 실행노력이 절실히 필요하다.

지역브랜드와 지역공동브랜드의 차이점

오랫동안 생활필수품으로 여겨져 왔던 쌀, 밀가루, 사과, 배 등 지금까지의 농·특산물 유통은, 누가 어떻게 생산한 것이든 고객들이 상품을 구매할 때 쌀, 감자, 오이, 무, 딸기, 포도라는 품목 이름으로만 불러왔다. 70년대부터 소비자들이 특정 지역농수산물을 찾기 시작하면서 지역브랜드가 탄생하였으며, 최근에는 농·특산물 또한 일반 공산품처럼 지자체 혹은 연합사업단. 농협 주도로 독자적으로 선정한 공동브랜드명으로 판매되는 것이 일반화되었다. 또한 대부분의 농수축산물의 경우 지역 명을 이용한 지역브랜드화경쟁이 더욱 치열해지기 시작하였다.

지역공동브랜드는 국내 대부분의 자치단체에서 정부정책의 지원에 힘입어 앞 다투어 제정되어 공동마케팅 조직인 연합사업단이 주체가 되어 지역 농산물에 사용되고 있는 실정이다. 그러나 브랜드 마케팅을 도입할 경우 어떤 원칙으로 이를 활용하고 관리하며, 어떻게 해야만 장수 상품의 브랜드가 만들어지는 지에 대해서는 깊은 연구와 이해도 없이, 무원칙으로 사용되어 온 것이 현실이다. 그 결과 대부분의 지역브랜드와 연합사업단의 공동브랜드가 고객으로부터 신뢰받는 브랜드로 자리 잡지 못한 체 표류하고 있는 것이 사실이다.

정부나 자치단체에서 많은 지역의 공동브랜드 성공사례를 이야기하고 있지만, "햇사레" 연합사업단과 같이 성공을 거두고 있다고 볼 수 있는 브랜드는 거의 없다. 하지만 연합사업단과 자치단체에서 공동브랜드 도입 이후에 매출액과 수익 그리고 회원수가 지속적으로 증가하는 등 성공적이라고 발표하는 경우가 많다. 이는 외형적으로 매출이 증가하였다고 하나, 그 내용을 살펴보면 농·특산물을 단위농협이나 공판장에 직접 출하하던 회원농가가 연합사업단을 통해 출하하도로 유도함으로써 이루어진 매출 증가와 연합사업단의 취급 품목을 늘림으로써 이루어진 매출증가가 큰 비중을 차지하고 있다고 할 수 있다.

그러나 정부에서 브랜드 마케팅을 도입한 기본 취지는 브랜드 간의 차별화 경쟁을 통해 농·특산물의 품질 향상과 브랜드 마케팅 도입을 통한 농·특산물 가격 향상에 따른 수익 증대, 소비자들의 신뢰도 제고와 함께 지속적으로 개방되고 있는 국내 농·특산물의 대외경쟁력을 향상 시키려는 것이다. 물론 자치단체나 농·특산물 생산자. 연합사업단 등 관련자들의 브랜드 마케팅의 중요성과 경쟁에 대한 경각심을 일깨우는 데, 공동브랜드 도입이 크게 기여한 것은 사실이다. 그러나 공동브랜드나 지역브랜드의 경우 몇몇의 성공 브랜드를 제외하고는 고객의 재 구매와 프리미엄 가격 지불로까지 연결되는 브랜드로 평가받고 있는 경우는 거의 찾아보기 어렵다.

최근 자치단체와 연합사업단을 중심으로 브랜드 마케팅을 부르짖고, 파워 브랜드 육성에 많은 예산과 힘을 쏟으면서 그 과정이 매우 어렵고 쉽지 않은 길임을 깨닫기 시작하였다. 하지만 아직도 공동브랜드 마케팅이란 단순히 브랜드 네임을 정하고 로고와 심볼 마크 또는 캐릭터를 개발하여 지역의 농·특산물 패키지에 적용하는 것으로 알고 있었거나, 공동 브랜드를 제정하여 적용하기만 하면 잘 판매되지 않던 농·특산물의 매출이 증가할 것으로 잘못 인식하고 있는 경우가 많은 것이 현실이다. 또한 브랜드가 알려지면 판매가 저절로 증가하는 파워 브랜드가 되는 것으로 착각하고 있는 사람들이 매우 많은 것이 사실이다.

즉, 브랜드 인지도 증대가 매출 증대로 이어지고 파워브랜드가 되는 것이라고 오해하고 있는 사람이 너무 많다. 브랜드는 단순히 농·특산물 생산 현장이나 마케팅 담당자의 책상에서 수립된 전략이나 정책으로 만들어지는 것이 아니라, 고객의 구매와 음용 현장 그리고 고객의 구매 및 음용 체험을 통해 만들어지는 것이다. 유감스럽지만, 이러한 브랜드 원리를 정확히 이해하고 브랜드 마케팅에 임하고 있는 연합사업단이나 자치단체의 경우가 많지 않아 이로 인해 엄청난 예산과 시간을 허비한 체 실패한 농·특산물 브랜드로 전락한 경우가 많다.

아울러 "영암 배", "창원 단감" 처럼 지역 명을 쓰기만 하면 그것이 지리적 표시제를 활용한 지역브랜드가 되는 것으로 착각하고 경우도 아직 많은 듯하다. 그렇지만 결코 그런 것은 아니다. 왜냐하면 "진영단감" "나주배"처럼 품목별 지역브랜드로 인정받고 있는 대부분은 이미 사람들의 인식 속에 자리 잡고 있기 때문이다.

상품 품질의 우수성, 브랜드 육성과 관리를 위한 시스템 구축과 생산자들의 일관된 품질 향상노력과 정성이 결합되어야만 브랜드로 육성할 수 있다. 물론 브랜드 마케팅을 도입하려 할 때, 해당 상품이 경쟁제품보다 품질이 우수하거나 차별적 특성을 가질 필요가 있는 것은 사실이다. 그렇다고 해서 제품에 반드시 물리적인 속성의 차이가 있고 뛰어나야만 브랜드 마케팅을 할 수 있는 것은 아니다. 바꾸어 말하면, 품질의 차별적 우위점이 없다고 할지라도 결코 실망할 필요는 없다.

세계적으로 유명한 브랜드의 경우, 경쟁제품보다 객관적인 품질 측면에서 뒤떨어지면서도 고객으로부터 더 많은 사랑을 받고 있는 경우가 많다. 왜냐하면 대부분의 고객들은 브랜드를 물리적인 차이점이나 이성적인 품질 차이로 인식하기보다는 고객 자신의 개성을 살려주거나 자신의 삶의 일부를 대변해주는 정서적 연결고리이자 감성적 품질차이를 대변해주는 상징으로 받아들이는 경우가 훨씬 강하기 때문이다.

예를 들면, 커피의 맛과 품질이 원두와 제조공법에 의해 결정되는 것이 합리적이고 이성적인 이야기이지만, 고객이 생각하는 것은 품질은 언제, 누구와 어떤 장소에서 어떤 용기로 마시느냐에 의해 결정되는 것이 보통이다.

현재 전국적으로 자치단체마다 지역의 농·특산물 판매지원을 위해 지역공동브랜드를 제정하고 연합사업단이나 APC센터, 단위 농협이나 영농조합, 품목별 작목반을 중심으로 하여 브랜드 홍보와 광고에 열을 올리고 있다. 그러나 본래 공동브랜드 도입

시 기대에는 훨씬 못 미치는 성과를 얻지 못한 체, 브랜드 인지도 향상과 순위에 초점을 맞추고 있는 브랜드가 상당수 있다. 즉, 브랜드 품질 이미지와 신뢰 구축을 통한 브랜드 프리미엄을 획득하는 것은 고사하고 농산물 판매 활성화지원조차 어려운 상황에 봉착하고 있는 경우가 많다.

이런 공동브랜드가 거의 동시에 여러 지역에서 경쟁적으로 제정되어 사용되고 있고, 한편으로 지리적 표시제 도입에 의한 지역브랜드 육성 노력이 자치단체를 중심으로 활발하게 이루어지는 것은 정부의 시책에 힘입은 바 크다.

"지역공동브랜드 = 지역브랜드 또는 지리적 표시제"로 오해하고 있거나 혼동하고 있는 사람들이 너무 많다는 것이 큰 문제다. "햇사레 복숭아", "고창 수박", "성주 참외", "안동 간고등어", "보령 머드축제", "함평 나비축제", "화천 산천어축제"등의 성공적인 브랜드 사례의 경우 서로 다른 특징을 갖고 있다. 이런 성공한 브랜드가 많이 매스컴을 통해 널리 알려지면서 어떻게 하더라도 성공할 수 있을 것이라고 지나친 기대를 갖고 있는 지자체가 많다.

공동브랜드를 도입한다고 해서 "지역의 농·특산물"에 대한 좋은 이미지가 구축되어 가격이 오르고, 지역경제가 활성화되며 생산농가의 소득수준이 향상되는 것은 결코 아니다. 왜 이런 공동브랜드나 지역브랜드들이 성공할 수 있었는지, 겉으로 드러나지는 않지만, 결정적 성공요인으로 작용한 숨은 노력들을 파헤쳐

배우려는 노력은 등한시하고 있는 것도 사실이다.

필자들이 브랜드 및 마케팅 강의와 컨설팅을 하기 위해 전국을 다닐 때, 대개 "우리 지역의 농·특산물을 어떻게 하든 "햇사레" 복숭아나 "성주 참외"처럼 인기 브랜드로 만들 수 없습니까"라는 상담을 계속해서 받아 왔다. 뿐만 아니라 "공동브랜드의 도입시행을 어떻게 하면 성과를 높일 수 있겠느냐?"라는 질문을 받고 있다.

한편 "고창 수박", "성주 참외" 안동 간고등어"와 같은 지역브랜드는 이미 오래 전부터 일류 브랜드화 되어 있었던 것이지만, 사람들은 지리적 표시제 도입이후 지역브랜드화된 것으로 오해하고 있을 뿐이다.

4. 공동브랜드 마케팅의 문제점은 이렇게 해결하라

4. 공동브랜드 마케팅의 문제점은 이렇게 해결하라

안성시로부터 "안성마춤"이라는 공동브랜드가 탄생하면서 부여군의 "굿뜨레" 등 수 많은 공동브랜드들이 화려한 꿈들을 안고 만들어졌다. 그러나 처음 공동브랜드 마케팅을 시작할 때에 기대했던 것과는 다르게 고객으로부터 브랜드에 대한 신뢰나 평가를 얻지 못한 체 브랜드 인지도나 인지도 순위가 어떻게 되느냐에 초점이 맞추어지고 있는 듯한 느낌이다. 즉 지역의 농·특산물 경쟁력 향상 및 판매활성화라는 브랜드 마케팅 도입취지와는 동떨어진 방향으로 전개되고 있는 실정이다.

그렇다면 대부분의 지자체에서 도입하고 있는 공동브랜드 마케팅이 성공하지 못한 체, 표류하고 있는 이유는 무엇인가? 그리고 우후죽순처럼 생겨난 지역 공동브랜드가 안고 있는 문제점들은 무엇인가? 현재 상황을 진단해 봄으로써 향후 나아가야 할 바람직한 방향에 대해 모색해 볼 수 있을 것이다. 분명한 사실 중에 하나는 현행 공동브랜드 전략으로는 결코 성공할 수 없다는 점이다.

■ 공동브랜드가 안고 있는 문제점

브랜드 인지도가 높은 "안성마춤"이나 "굿뜨레", 최근에 이름이 만들어진 거의 대부분의 "공동브랜드가 안고 있는 문제점을 살펴볼 때, 가장 근본적인 것은 태생적으로 잘못되었다"는 것이다. 개별 브랜드이든 공동브랜드이든 브랜드 마케팅을 실시하려는 가장 큰 목적은 경쟁제품들과 자사 제품을 차별화시키려는 것이고 또한 고객들로 하여금 "썬키스트하면 오렌지", "햇사래하면 복숭아", "나주하면 배", "맥도널드하면 햄버거"처럼 브랜드에 따라 특정 상품을 연상하도록 만들려는 것이다.

그러나 국내에서 사용되고 있는 지역 공동브랜드는 특정 품목을 강력하게 떠올릴 정도로 고객들에게 알려진 브랜드가 없는 것이 현실이다. 이런 문제가 발생하게 된 문제의 출발점은 "브랜드란 무엇인지, 고객에게 어떤 의미를 갖는지, 어떻게 인식되고, 고객들은 브랜드를 어떻게 평가하고 받아들이는 지에 대한 기본적이고도 근본적인 문제에 대해 깊이 있게 연구하지 못하고, 단순히 정책의 일환으로 도입했기 때문이다. 또한 지역 공동브랜드 마케팅이 제대로 되지 못하게 된 결정적인 이유 중에 하나는 브랜드 하나로 서로 다른 특성을 가진 농산물(쇠고기와 쌀, 수박과 양송이 버섯, 사과와 야채처럼)에 사용하는 것이다. 브랜드가 고객들에게 신뢰를 구축하고 호의적인 평판을 받기도 전에 적게는 5개 품목 많게는 10여 개 넘는 품목에 사용하는 것으로부터 파생된 문제인 것이다. 즉, 적은 비용으로 수많은 지역 농·특산물 판매활성화를 하겠다는 효율 지향적 사고의 산물이라 생각된다.

브랜드란 특정 품목이나 제품을 상징하는 심볼로써 고객들에게 인식되어 브랜드의 파워와 신뢰가 형성되어 소비자에게 널리 알려졌을 때에야 비로소 다른 제품이나 품목에 동일한 브랜드를 함께 사용할 것인가를 검토할 수 있고, 또한 동일한 브랜드를 사용해서 판매하고 싶어 하는 제품과 파워 브랜드 제품 간의 유사 속성이 있어 고객들이 그런 제품에 해당 브랜드를 사용해도 어느 정도 수용할 수 있을 것이라는 확신이 들었을 때 사용하는 것이다.

예를 들어 쇠고기로 유명해진 브랜드를 쌀, 배와 포도 등에 동일한 브랜드를 사용한다고 했을 때, 소비자들은 이런 기업의 결정을 어떻게 받아들이겠는가? 제품 간의 어떤 공통된 속성이 있어 이런 결정을 했다고 생각하겠는가? 안성시에서 "안성마춤"이라는 지역 공동브랜드를 처음부터 쇠고기와 쌀, 배와 포도 등에 붙여 마케팅하는 것과 앞에서 이야기와 순서만 바뀌었을 뿐이지 그 내용은 같지 않은가? 또 다른 지역공동브랜드의 사례를 살펴보자. 수박. 멜론의 경우는 당도와 수분이라는 우수제품을 설명하는 품질 상의 공동 특성이 있지만, 수박과 표고 및 양송이버섯 또는 방울토마토가 재배방법이나 제품 품질 상의 어떤 공통 속성이 있으며, 밤과 무청과는 어떤 상관관계가 있는지 다시 한 번 심도 깊은 검토가 필요하지 않을까 생각된다.

앞에서 살펴본바와 같이 현행 지역 공동브랜드들이 안고 있는

문제점이란

첫째, 제품의 품질 등급과 품목간의 공통 특성이 있는 경우에 공동브랜드를 사용하여 공통의 이미지를 구축할 수 있어야 함에도 불구하고, 지역적인 동일성만을 강조할 뿐 어떤 품목에만 사용해야 하는지와 어떤 공동브랜드 이미지를 구축해야 하는 지에 대한 기본 원칙이 수립되어 있지 않다.

둘째, 브랜드 네이밍의 기본 원칙을 무시하고 자치단체 단체장의 의견이나 생산농가들의 의견에 좌우된 체, 고객관점과 동떨어진 네이밍된 경우가 너무 많다. 이 부분에 대해서는 브랜드 네이밍의 기본 원칙에서 상세하게 설명하고자 한다.

셋째, 공동브랜드 네이밍을 하고 BI작업을 한 후 포장에 사용하기 시작했다고 해서 브랜드가 되는 것은 결코 아님에도 불구하고, 이제 우리도 브랜드를 갖고 있다는 오해와 함께 농·특산물 판매가 저절로 잘될 것이라 착각하는 사람들이 의외로 많다.

넷째, 지역 공동브랜드만의 차별화된 컨셉트와 브랜드 슬로건을 개발하지 않고 누구나 사용해도 되는 일반화된 브랜드 컨셉트와 슬로건을 사용한다는 점이다. 예를 들어, 특정 지역에서 지역의 슬로건으로 "자연의 나라" "숲속의 향기"를 결정했다고 하지, 이런 메시지를 듣거나 본 후 어떻게 특정 지역을 쉽게 연상하거나 특정지역을 연계시켜 생각할 수 있겠는가 하는 점이다.

다섯째, 독자적이고 차별화된 마케팅 전략의 수립과 실행이 공동브랜드 성공에 중요함에도 불구하고, "안성마춤" 이나 "굿뜨

레” 같은 선발 브랜드들이 하는 방법을 그대로 따라하는 벤치마
킹에 골몰하고 있다는 사실이다. 즉 후발 브랜드가 갖게 될 취약
점들에 대한 고려나, 공동브랜드 도입 시 발생 가능한 문제점이
나 현재 어떤 문제점들을 갖고 있는지 충분히 검토하지도 않은
채 남들이 하는 방법 그대로 모방에 급급해 한다는 것이다.

　여섯째, 후발 브랜드의 경우 특별히 차별화된 요소를 만들지
못할 경우 매스컴에서 뉴스화되기 어려울 뿐만 아니라 고객들로
부터 관심을 끌기가 힘들기 때문에 엄청난 홍보와 마케팅 노력을
기울여야만 선도브랜드를 겨우 따라 갈수 있다는 사실을 이해하
고 있는 사람이 거의 없다는 사실이다. 이런 현실 때문에 후발 주
자가 브랜드 마케팅을 실시할 때, 엄청나게 많은 비용과 노력 그
리고 시간을 쏟아야만 선도 브랜드와 겨우 경쟁할 수 있음에도
불구하고 브랜드 마케팅 예산이나 인력을 타 지역과 동일하게 편
성하는 지자체가 대부분이다. 왜냐하면 지자체 간부들 중에 이런
점을 이해하고 있는 사람이 거의 없어 브랜드 실무자들의 의견을
이해하지 못한 체 타 지역과의 단순 수치만을 비교하려 하기 때
문이다.

　일곱째, 브랜드 네이밍, BI 작업, 포장재의 디자인 개발 그리고
연합사업단의 브랜드 사용 권장 등을 브랜드 마케팅의 전부로 인
식하는 경향이 매우 크다는 사실이다. 그러나 브랜드 네이밍을
포함한 BI 작업은 지역 공동브랜드 마케팅의 출발점일 뿐이라는
사실을 알아야 한다.

여덟째, 농·특산물 브랜드 육성에 있어서 품질관리의 중요성에 대해서 정확하게 이해하고, 품질향상과 품질관리를 엄격하게 시행하려는 의지와 노력을 기울이는 곳이 적다는 사실이다. 그러나 품질관리가 뒷받침되지 않은 체, 고객들로부터 신뢰받는 브랜드가 된 경우는 없다는 점을 알아야 한다.

아홉째, 브랜드 마케팅에 대한 전문적인 지식과 경험을 갖춘 인력이 거의 없는 것이 현실이다. 이로 인해 창의적이고 차별화된 브랜드 마케팅 전략과 커뮤니케이션 전략을 수립. 실행되기보다는 주먹구구식으로 운영되고 있는 곳이 대부분이다. 물론 유능한 브랜드 마케팅 전문가를 구하는 것이 쉽지 않은 것은 사실이다. 그러나 지역에서 필요로 하는 인재는 폭 넓은 전문지식이나 경험은 부족하다할지라도 지역의 농·특산물에 대한 애정과 열정을 갖고 고객 현장을 뛰어다니며 고객의 눈높이에 맞는 광고와 홍보를 위해 노력하고 브랜드 마케팅에 대해 배우려는 의지가 큰 사람이다. 전문가가 없음을 이야기하기 보다는 이런 사람을 발굴하려는 노력이 훨씬 더 소중하다고 할 수 있다.

열 번째, 브랜드 육성을 위해서는 장기적이고 체계화된 브랜드 관리 노력이 필요하다는 인식이 매우 낮다는 점이다. 또한 브랜드 가치 및 브랜드 육성의 중요성에 대한 이해부족으로 인해 지속적이고 일관성 있는 브랜드 커뮤니케이션 노력이 부족하고, 통합적인 커뮤니케이션 전략을 구사하기 보다는 단편적인 광고나 판촉행사에 의존하는 경우가 대부분이라는 사실이다.

열한 번째, 브랜드를 육성하기 위해서는 지속적으로 일정수준 이상의 브랜드 마케팅 예산 지원이 요구됨에도 불구하고, 일회성의 예산 지원이나 정책적 예산지원으로 머무는 경우가 많다.

마지막으로 공동브랜드 도입이 정부의 정책방향에 좌우되어 일관된 브랜드 마케팅 전략을 실시하는 데 있어 혼동이 초래되고 있는 상황이 여러 공동브랜드에서 발생하고 있는 실정이다.

수많은 지역 공동브랜드들이 앞에서 설명한 문제점들을 안고 있는 현실에도 불구하고 이와 관련된 문제점 발생의 원인과 해결책에 대해 질문을 받은 적은 거의 없었다. 그러나 '브랜드 마케팅을 왜 해야 하는지, 브랜드 육성을 위해 지켜야 할 원칙과 브랜드 관리는 어떻게 해야 하는지, 브랜드 마케팅을 제대로 하려면 어떤 준비와 능력을 갖추어야 하는 지'에 대해 제대로 이해하는 것이, 브랜드 네이밍이나 BI 작업을 시작하기 전에 중요한 것이다. 오히려 지역공동브랜드에 대해 "새로운 브랜드를 만들려고 하는데, 어떤 이름이 좋겠습니까? BI작업은 어떤 업체에게 맡기면 잘합니까? 어떤 광고가 효과적입니까"라는 질문을 종종 받아왔다. 이런 현상은 '브랜드란 판매활성화를 위한 수단이요, 브랜드 네임과 BI 작업만하면 지역 공동브랜드 마케팅이 된다'는 식으로 오해하고 있는 데서 발생하는 것으로 보인다.

브랜드 전략을 제대로 실행하기 위해서는 "시장 세분화와 표적고객의 선정"에서 출발하여 "자사 브랜드만의 정체성과 이미지를 구축하기 위한 브랜드 컨셉트의 선정", "브랜드 네이밍과 BI

작업”, “브랜드 슬로건 제정”, “브랜드 커뮤니케이션 전략에 따른 브랜드 포지셔닝”, “장기적 브랜드 관리와 베스트 브랜드 만들기”, “신상품 개발 또는 신사업 확장에 따른 신규 브랜드 도입 시 검토해야 할 기존 브랜드를 활용할 것인가?”를 결정하는 브랜드 확장전략에 대한 포괄적인 이해와 폭넓은 지식과 경험을 갖춘 사람이 필요하다.

지역 공동브랜드 마케팅을 실시할 때 가장 먼저 해야 할 일은 해당 상품이 다른 지역의 상품이나 경쟁제품과 비교하여 어떤 점에서 “차별적 우위” 또는 경쟁력을 갖도록 할 것인지를 명확히 하는 것이다. 브랜드 네임을 정하고 BI를 생각하기 전에 어느 품목에 브랜드를 도입하는 것이 효과적일까, 어떤 방식으로 브랜드를 육성하고 마케팅할 것인가에 대해 폭 넓게 생각하여야 한다.

브랜드 네임과 마크가 포장에 인쇄되어 있거나 브랜드가 널리 알려지는 것만으로 제품 판매가 활성화되는 것이 아니다. 장기적으로 체계적이고 일관성 있는 브랜드 마케팅의 결과로 고객으로부터 경쟁 제품과 뭔가 다른 차별적 가치가 있고 품질이 높다는 신뢰를 얻어야만 판매가 활성화되고 안정적인 성장을 하게 되는 것이다. 타 지역의 상품에 없는 특징과 높은 품질을 갖추었다는 평가를 받을 때 비로소 브랜드의 차별적 우위성을 갖추게 되고, 이것이 “브랜드 프리미엄”으로써 높은 가격에 따른 수익 증대로 이어지는 것이다. 많은 사람들이 브랜드를 도입하는 것은 단순히 브랜드를 널리 알려 판매를 활성화하려는 것으로 크게 혼동하고 있지만, 본래의 농·특산물 브랜드 도입 목표는 경쟁제품과 차별화하고 장기적으로 고객 충성도를 높여 장수 상품을 만들고 그 과정에서 브랜드 프리미엄을 구축하여 수익성 향상을 추구하려는 것이라는 사실을 알아야 한다.

그렇다면 실제 브랜드를 육성하기 위한 마케팅과 커뮤니케이션 그리고 브랜드 관리를 위해 어떤 일을 하는 것이 필요할까? 브랜드 마케팅과 커뮤니케이션은 크게 4 단계로 나누어 접근하는 것이 효과적이다.

1단계: 브랜드 컨셉트과 브랜드 네이밍의 설정
2단계: 브랜드 런칭과 브랜드 포지셔닝
3단계: 전략적 브랜드 육성과 관리
4단계: 신규 상품 도입을 위한 브랜드확장

이와는 별도로 제품품질의 신뢰도 향상을 위한 엄격한 브랜드 사용관리 업무도 일관성을 갖고 체계적으로 수행하는 것이 필요하다.

농·특산물을 만드는 것은 논과 밭. 비닐하우스와 농장이지만, 브랜드를 만드는 것은 소비자와 고객의 마음속이다. "브랜드를 만든다"는 의미는 소비자들로 하여금 특정 상품만의 좋은 점을 인식하여, 상품이나 생산자에 대해서 높은 신뢰와 호감을 갖도록 하여 믿고 상품을 살 수 있도록 만드는 것뿐만 아니라 지속적으로 재구매할 수 있도록 만드는 것을 말한다. 바꾸어 말하면, "브랜드를 만든다"라고 하는 것은 단순히 새로운 이름의 상품을 개발하는 것을 말하는 것은 결코 아니라는 사실이다.

예를 들어, "Happy 700"이라고 하는 브랜드를 말하기 전에 상품 품질을 높여 브랜드에 대한 주요 고객들의 평판과 신뢰를 최소한 쌓을 수 있어야 한다. 마케팅에서 브랜드는 고객에게 제품 품질에 대한 보증역할, 경쟁제품과의 차별화 기능, 우수 상품 내지는 선호 상품을 상기시키는 역할을 하기 때문이다. 이런 역할을 하는 브랜드는 표적고객에 맞는 브랜드 컨셉트와 그에 맞는 좋은 브랜드 네임을 개발하고 차별화된 포지셔닝 전략을 수립 실행함으로써 오랜 기간에 걸쳐서 만들어지는 것이다. 이렇게 만들어지는 브랜드는 브랜드 네이밍을 한 후 엄청난 자원과 에너지를 집중적으로 쏟아야만 파워브랜드로 육성되고, 파워브랜드가 된 후에는 브랜드가 갖는 브랜드 이미지가 기업의 사업방향을 결정할 만큼 중요한 역할을 하는 것이다. 예를 들면, 소비자들에게 '풀무원 = 자연 그대로의 고급 농식품, 안전하고 바른 먹거리' 라는 브랜드 이미지가 형성하기까지 엄청난 시간과 노력을 하였지만, 그 이후에는 풀무원 브랜드 이미지가 향후 기업에서 어떤 상품을 생산해야만 고객들이 구입해줄지를 알려주는 나침반 역할을 하게 된다.

이런 파워브랜드는 그 자체로 시장에 큰 진입장벽을 세우는 효과를 가지며, 유통의 취급 촉진, 수익성 향상, 고개의 충성도에 따른 안정적인 매출과 마케팅 비용의 절감효과를 갖는다. 또한 파워브랜드로 육성된 브랜드의 가치는 기업의 어느 자산가치보다 큰 경우가 대부분이다. 예를 들어, 코카콜라의 브랜드 이름만의 자산가치가 수백억 달러에 달하고, 삼성전자의 브랜드 가치는 150억불이 넘는 것으로 평가되고 있다.

공동브랜드 네이밍의 기본 원칙

공동브랜드의 네이밍은 자신들의 상품 특성을 잘 나타내고 경쟁브랜드 가운데에서 독특성과 차별성이 뛰어난 것이 좋다. 그리고 고객들에게 강하게 기억되고 쉽게 발음하고 호감이 느껴지는 이름이 바람직하다. 이런 브랜드 네임을 얻기 위해서 지켜야 할 원칙은 다음과 같다.

첫째, 경쟁 제품들과 차별화되는 이름이어야 한다. 소주의 "산"과 "처음처럼"이나 담배의 "디스", 껌의 "자이리톨", 곶감의 "양반"처럼 일반명사가 아니라 자사 브랜드로 차별될 수 있도록 고유명사로 짓는 것이 바람직하다. 왜냐하면 일반 명사의 경우에는 고객에게 특정 상품을 상징하는 브랜드로서 강력하게 인식시키기가 어려울 뿐만 아니라, 경쟁사가 동일한 브랜드 네임을 사용할 경우에 브랜드로써 보호받기가 매우 어렵기 때문이다. 뿐만 아니라 경쟁 제품과 차별화가 용이하고, 남과 달라야 고객으로부터 쉽게 주목을 끌고 선택 받기 쉽기 때문이다.

그러나 유감스럽게도 현재 사용되고 있는 농·특산물 공동브랜드의 경우를 보면 "지평선", "보물섬", "반딧불", "뜸부기", "행주치마"처럼 일반 명사가 많다. 이런 브랜드네임을 사용하는 것이 지역을 상징하는 단어들이기 때문에 지역 농·특산물 마케팅에 효과적일 것이라고 생각할지 모르겠지만, 고객입장에서 볼 때 그런 브랜드이름을 듣고 특정 지역 농산물을 떠올릴지 아니면 새나 곤충 아니면 동화책 이름을 떠올릴 것인지 검토해 볼 필요가 있다. 또한 행주산성하면 "행주치마"라는 단어를 연상할 때, 농산물 이미지로써 요구되는 위생적이고 깨끗한 느낌이 드는가 아니면 값싸고 더러운 이미지가 연상되는가? 이와 마찬가지로 "뜸부기", "반딧불"와 같은 단어를 떠올릴 때, 쌀이나 사과를 연상하겠는가 아니면 새와 곤충이 떠오르겠는가? "뜸부기", "반딧불"같은 브랜드라면 브랜드로 사용하기보다는 친환경 농·특산물 생산지역을 상징하는 지역의 캐릭터로 이용해 보는 방법이 훨씬 효과적일 것이라 판단된다. 이미 오랫동안 브랜드를 사용해서 널리 알려져 있어 버리는 것이 어렵다고 할지 모르겠지만, 이런 브랜드 네임을 고수하는 한 소비자들의 인식 장벽과 지속적으로 싸워야 한다는 사실을 기억해야 한다.

둘째, 쉽게 발음할 수 이름이어야 한다. 또한 양성모음과 음성모음이 조화를 이루는 단어가 좋다. "애니콜", "소니", "나이키", 복숭아 단일품목 공동브랜드인 "햇사레"처럼 발음이 용이하고 통일되게 발음할 수 있는 것이 바람직하다. 특히 목표 고객집단에서 쉽게 발음할 수 있는가를 고려해야 한다.

셋째, 기억이 용이한 이름이어야 한다. 고객에게 쉽고 강하게 기억시키기 위해서는 "소니", "코닥", "코가콜라", "트롬" " 휘센", "하이트", "풀무원"처럼 한음절의 단어가 좋으며, 단어 중에 영어의 S. P. C. K. T와 같은 자음으로 시작하거나 이런 자음이 이름 안에 들어있는 것이 좋다.

넷째, 제품의 속성이나 특성을 잘 표현한 이름이 좋다. 삼성전자의 휴대폰 "애니콜" 현대 정유의 "오일뱅크"나 CJ의 "햇반"이나 "다시다"가 제품의 속성이나 특성을 효과적으로 표현하는 좋은 이름이다. 또한 농·특산물 브랜드 중에 "참다래", "굿뜨레", "모닝 팜", "햇사레"와 같은 이름은 고객들로 하여금 해당 제품의 특성을 쉽게 연상할 수 있도록 해주는 좋은 이름으로 "농·특산물, 신선함, 친환경, 자연, 특정 품목"을 연상시키는 브랜드이다. 이처럼 상품 컨셉트에 적합한 이름을 지을수록 브랜드 포지셔닝에 효과적이다. 왜냐하면, 브랜드를 말했을 때 고객들로 하여금 해당 제품을 쉽게 연상시킬 수 있도록 만들어주기 때문이다. 그러나 상품명에 너무 많은 속성과 의미를 담으려는 시도는 좋은 브랜드 네임 만드는 것을 방해하는 경우가 많다.

다섯째, 아무리 좋은 이름이라 할지라도 부정적인 이미지를 연상시켜서는 안 된다. 삼성전자의 "애니콜"이란 이름은 언제 어디서나 통화할 수 있다는 의미를 쉽게 연상할 수 있는 아주 뛰어난 이름이지만 미국 및 중남미 지역에서 부정적 의미로 연상되는 문제를 안고 있기도 하다. 과거 "키위 인터내셔널(Kiwi International)"라는 이름의 뉴질랜드 항공사가 있었다. 브랜드 이름이자 사명인 "키위(Kiwi)"는 "과일 이름이기도 하지만 날지 못하는 새의 이름"이기도 하다. 이런 이름을 사용한 승객들이 비행기를 탈 때 '날지 못하는 새의 이름을 가진 비행기가 혹시'라는 부정적 연상을 어떻게 차단할 수 있겠는가? 어떤 이유인지 모르겠지만 결국 이 회사는 망하였다. 또한 "때제로"라는 이름은 주방세제나 합성세제이름으로는 뛰어날 수 있겠지만, 보디샴푸의 이름으로는 부적절하다. 왜냐하면 때를 잘 없애준다는 제품성능을 강하게 설명하지만 사용하는 고객입장에서 보면 제품을 구매하는 순간 나는 때 많은 사람이라는 것을 타인에게 알리는 역할을 할 것이고 결국 이 제품은 때 많은 사람이 선택하는 제품이라는 부정적 연상을 막을 수 없기 때문이다.

국내 최고의 곶감 생산지로 알려진 상주시에 "양반" 곶감이라는 브랜드가 있다. 이 브랜드는 아마도 우수한 품질의 곶감만을 엄선하여 "양반"이라는 이름은 사용함으로써 명품화를 위해 시도된 것으로 보여 진다. 그러나 브랜드를 확정하여 적용하기 전에 적어도 "양반"이라는 단어의 고객 연상 테스트를 실시했어야 한다고 생각한다. 왜냐하면 수도권의 주부들에게 "양반"이라는 단어하면 연상되는 것을 물었을 때, 머릿속에서 가장 쉽게 떠올리는 것은 고급이라는 느낌의 단어로 연상하기 보다는 정반대로 연상하는 경우가 많고, 또한 대부분의 주부들의 경우 "양반"하면 떠올리는 상품으로 동원의 "양반 김"이라는 인스턴트식품이 연상되기 때문이다.

이렇게 특정 상품으로 연상되는 단어를 브랜드로 사용하여 고객들에게 자신들의 상품 브랜드로 기억시키려면, 엄청난 노력과 시간 그리고 많은 예산을 투자하여야 한다. 또한 아무리 엄청난 예산을 쏟아 붓고 광고를 한다 할지라도 고객의 인식 상에 구축된 부정적 인식을 넘어서는 것은 거의 불가능에 가깝다고 말할 수 있다.

일곱째, 브랜드는 BI작업을 완료한 후, 포장이나 라벨 등으로 사용할 때 고객들이 쉽게 읽을 수 있도록 만드는 가독성이 뛰어나야 한다.

여덟째, 브랜드를 이용한 포장 디자인이나 마크와 로고가 결합된 모양이 목표고객과 시대적 유행에 적합성이 있어야 한다. 따라서 브랜드의 BI는 코카콜라나 나이키가 고객들이 인식하지 못하지만 시대의 흐름에 따라서 자신들의 마크와 로고 그 사용방법을 아주 정교하게 수정. 보완하는 것처럼, 자사의 BI도 시대적 흐름에 적합하도록 보완하는 노력이 필요하다.

아홉째, 법적 보호를 받을 수 있도록 상표 등록성을 갖추어야 한다. 등록되지 못한 브랜드는 유사상품 발생 시 법적인 보호를 받지 못할 뿐만 아니라 법률 공방에 휩싸이기 쉽고, 고객들에 대한 브랜드 신뢰를 유지하는 일이 매우 어렵기 때문이다.

마지막으로 선도브랜드 또는 유명 브랜드와 유사한 이름을 지어서는 결코 안 된다. 왜냐하면, 자사상품을 홍보하고 프로모션하기 위해 많은 시간과 예산을 투자할지라도 고객들로 하여금 자사 브랜드를 기억하고 특정한 이미지를 갖도록 만들기 보다는 선도브랜드나 유명 브랜드의 이미지를 강화하는 데 기여할 뿐이기 때문이다.

예를 들면, 광동제약이 마시는 비타민이라는 음료 "비타 500"을 출시한 후 동아제약의 "박카스"를 위협할 만큼 크게 성공하자, 수많은 유사상품이 출시되었다. 후발 제품들 대부분이 비타민 성분함량이 "비타500"보다 강화된 제품임을 강조하기 위해 "비타1000", "비타2000"이라는 이름으로 출시된 후, 엄청난 광고와 판촉비를 쏟아 부었다. 하지만 고객들에게 기억되는 브랜드는 하나도 없고 "마시는 비타민 드링크" 시장을 키워 "비타500"의 성장만을 도운 체 시장에서 사라지고 말았다. 즉, "비타500"과 유사한 이름으로 인해 고객들에게 자신들 제품은 모방제품이고, "비타500"이 진품이라는 이미지만을 강화시켜주는 역할을 했을 뿐이다.

한편 브랜드 네임이란 누가 먼저 브랜드 네임을 지어서 사용했는지가 중요한 것이 아니라, 자사 상품 이름이 고객들의 인식 속에 누가 먼저 강하게 인지되고 포지셔닝 되느냐가 중요하다는 사실을 알아야 한다. 예를 들어, 여주군은 여주쌀을 홍보하기 위하여 이천시의 "임금님표"라는 이천 쌀보다 "대왕님표"라는 공동 브랜드를 개발하여 먼저 상표를 등록 사용하였다. 또한 경기도 화성시가 "햇살들이"라는 공동브랜드를 "햇사레" 복숭아 보다 비록 먼저 등록하고 사용했음에도 불구하고 "햇사레" 복숭아가 강력해지면서 자사의 브랜드 네임이 유사상표 또는 모방 브랜드로 전락되고 말았다.

마지막으로 브랜드 네이밍 시 브랜드 네임에 의도적으로 의미를 강하게 부여하려는 시도는 바람직하지 않을 수 있다. 예를 들어, 충북 진천의 경우, 사람들이 살기 좋은 고향이라는 의미를 나타내는 "생거진천"이라는 단어를 쌀 브랜드를 사용하고 있다. 이 단어를 보거나 듣거나 말을 할 때, 30대와 40대의 주부들이 생거진천이라는 말에서 생거(生居)라는 한자를 연상할 수 있는 사람이 과연 몇 명이나 되며, 또한 살기 좋은 고장이라는 뜻으로 연결해 낼 사람이 과연 얼마나 되겠는가? 고객과 시장의 관점에서 바라보아야 한다. 물론 진천 사람들에게 있어서는 생거(生居)라는 의미가 크고 자긍심의 대상일지도 모른다. 그러나 브랜드마케팅의 관점에서만 본다면, 그런 이름이 과연 한자에 대한 지식이 부족한 서울과 수도권, 대도시 주부고객들에게 어떤 의미로 연상되는지와 브랜드 네임이 쉽게 발음되고 기억되는 지에 대해 이름을 결정하기 전에 한 번쯤은 좀 더 신중한 검토가 필요했을 것으로 판단된다.

고객들에게 파워브랜드로 확실히 인정받기 전까지는 브랜드 연장을 하지 말라. 브랜드 연장이란 신상품 출시할 때 기존 시장에서 강력하게 구축된 자사의 브랜드를 활용하여 적은 마케팅 및 홍보비용으로 시장진입을 손쉽게 하고, 유통채널에서 자사 신상품 입점을 촉진시키려는 목적을 갖고 기존의 브랜드를 연장하여 신상품에 사용하는 것을 말한다.

예를 들면, CJ 제일제당에서 정말 맛있는 음식을 보면 "입맛을 다시다"라고 하는 의태어로부터 탄생시킨 복합조미료 브랜드인 "다시다"는 고객의 다양한 조미료 욕구를 창출하려는 신상품 개발을 계속하면서 "쇠고기 다시다", "멸치 다시다", "조개 다시다", "다시다 산들에", "냉면 다시다", "가쓰오 다시다", "다시다 순"등으로 연장하여 사용함으로써 조미료 대명사 브랜드가 되었다. 이처럼 신상품이 기존브랜드 제품 속성이나 이미지가 유사하거나 상호연관성이 높을 경우에는 브랜드 연장의 경우에 성공확률이 높아진다. 또한 브랜드연장 전략은 신상품을 런칭할 때 기존 브랜드의 높은 인지도 및 충성도를 바탕으로 효과적으로 활용할 경우, 신제품 런칭에 따른 홍보 및 마케팅 비용을 획기적으로 절감시켜줌과 동시에 기존 브랜드의 이미지를 강화시켜주기도 한다. 또한 유명브랜드를 신상품에 연장 사용할 경우 무명의 신상품에게 있어서는 커다란 장벽일수 밖에 없는 다양한 유통채널에서 제품 취급을 촉진하고, 고객들에게는 유명브랜드의 파워를 이용하여 신제품 출시 사실을 손쉽게 홍보할 수 있는 효과가 있다.

반면에 신상품과 기존 상품간의 상호연관성과 상품 이미지상의 일치성이 없을 경우에는 신상품 런칭에 큰 효과를 얻기 보다는 오히려 기존 브랜드 이미지에 치명적인 악영향을 미칠 수 있다. 세계적인 진 의류의 대명사인 "리바이스"가 한 때 "리바이스"라는 이름으로 정장시장에 진출해 크게 실패한 적이 있었고, 세계 최고의 이유식회사이자 상품 브랜드로 사랑받고 "거버"라는 이름을 이용한다면 유아용품 시장에서도 성공할 수 있을 것이라는 생각으로 유아용품시장에 진출하였으나 크게 실패하고 말았다.

브랜드란 다른 제품에 연장 사용할 경우 앞에서 설명한 내용을 충분히 검토해야만 함에도 불구하고 예를 들어 미국 캘리포니아 오렌지 생산조합에서 "선키스트" 오렌지를 사업단에서 "선키스트"란 브랜드 파워를 이용해서 사과와 배 그리고 포도 등과 같은 신상품(신사업)에 "선키스트" 사과, "선키스트" 배, "선키스트" 포도라는 이름으로 무원칙하게 사용한다면 그 결과는 어떻게 되겠는가? 고객들이 과연 '선키스트'가 유명 브랜드라는 이유하나만으로 해서 사과나 배. 포도 또한 우수한 제품이라고 신뢰하며 쉽게 받아들을 것인가 하는 점을 고려해야 할 것이다. 뿐만 아니라 다양한 과일에 브랜드가 사용됨으로써 오렌지 브랜드 이미지로서 타격을 입지는 않을지 또한 진지하게 검토해야 할 것이다. 브랜드 연장은 앞에서 설명한 것과 같이 제품의 속성이 유사한 제품군에서 실시하는 것이 효과적이나, 브랜드 연장에도 지켜야 할 몇 가지 원칙이 있다. 예를 들어, 녹색의 자연과 건강지향 그리고 고급, 신뢰의 기업과 브랜드 이미지가 강한 대상이나 풀무원에서 "청정원"이나 "풀무원"이라는 브랜드 파워와 높은 고객 신뢰를 활용하고자, 건강에 좋지 않다는 부정적 인식을 줄 수 있는 인스턴트 식품군에 브랜드를 사용했다고 가정해 보자.

모(母)브랜드의 충성고객들이 이런 브랜드 사용을 어떻게 받아들이겠는가? 그들의 반응이 긍정적일까 아니면 부정적일까? 기존 브랜드 이미지는 어떤 영향을 받겠는가? 신제품 런칭 사실을 알리는 홍보나 마케팅 비용절감에 어느 정도 도움을 받을 수 있겠지만, 모(母)브랜드의 이미지에는 부정적인 영향을 주게 되어 장기적으로는 브랜드 파워 감소와 고객의 신뢰를 점차 잃게 될 것이다.

따라서 파워 브랜드를 가졌을 경우, 원칙 없는 브랜드연장보다는 보다 철저한 품질관리를 통해 브랜드 이미지의 일관성을 유지하여 일류 브랜드로 육성하는 것이 바람직하다. 그리고 "썬키스트" 오렌지처럼 브랜드 라이선싱을 제공하여 "브랜드 로열티"를 받는 방법을 강구하거나, 타 지역 생산농가들로부터 품질이 우수한 오렌지(상품)를 구매하여 "선키스트"라는 이름으로 판매함으로써 매출과 수익을 향상시키는 방법도 바람직한 방향이 될 수 있을 것이다.

삼성전자가 90년대 중반 양문형 고급 냉장고 시장에 진출할 때, 고급냉장고 시장의 고객들로부터 삼성 = 중저가 냉장고로 인식되는 부정적 브랜드 이미지를 탈피하고자 "삼성 지펠"이라는 브랜드 네임 대신에 "지펠"이라는 단독 브랜드로 진입하여 크게 성공을 거두었고, 이를 발판으로 세계 고급냉장고 시장의 선두주자로 올라 설수 있는 발판을 마련하였다. 또한 세계 최고의 자동차 회사임을 자랑하는 일본의 토요다자동차가 고급 승용차 시장에 진출을 위해 오랫동안 노력했음에도 불구하고 실패하자 오랜 전략적인 검토 끝에 토요다자동자와는 별도의 고급승용차 생산회사를 설립하고 "도요타 렉서스"라는 이름 대신에 "렉서스"라는 브랜드를 도입하면서 성공적으로 고급승용차 시장에 진입할 수 있었던 사실은 시사하는 점이 매우 크다. 이처럼 대중적인 브랜드로 고급품 시장으로 또는 저가에서 고가 시장으로 상품라인을 확장할 때는 기존 브랜드 연장 전략이 바람직하지 않다. 이런 측면에서 볼 때, 현대자동차가 야심작으로 출시한 고급승용차 "제네시스"의 성과가 어떻게 될지 지켜볼 만하다.

이러한 브랜드 연장은 실무 담당자가 신상품 출시할 때에 마케팅 전략 수립이 있어 가장 고민하는 문제 중의 하나이다. 특히 동일제품군 내에서 상품을 확장할 때, 신제품이 기존제품의 고객을 크게 잠식하는 경우를 대비하여야 한다. 예를 들면, OB 맥주가 시장에서 "하이트"에 고전하자 대응 전략으로 "OB 라거"라는 제품을 출시하였는데, "OB 라거" 고객이 경쟁브랜드인 "하이트"로부터 옮겨온 것이 아니라 약 80% 이상이 기존 OB고객으로부터 옮겨옴으로써 실패했던 것처럼 기존 제품과 신제품 중의 하나가 고객으로부터 외면당하는 경우도 많기 때문에 신중한 접근이 요구된다.

한편, 충북 음성군이 우수 품질의 복숭아의 대명사로 떠오르기 시작한 "햇사레 복숭아"의 경우, 브랜드의 유명도를 이용하고 싶은 생각에 사과나 배에도 "햇사레"브랜드를 연장하여 "햇사레 사과", "햇사레 배"로 마케팅하려고 한다는 이야기도 들리고 있다. 이런 결정을 하기 전에 어떤 긍정적인 점이 있고, 어떤 부정적인 점이 있을 지에 대해 주도면밀한 검토해야 할 것이다. 즉 고객들이 사과와 복숭아 그리고 배를 유사한 과일이라고 보는가 아니면 서로 다른 재배조건을 필요로 하거나 서로 다른 과일이라는 인식이 강한 것이냐 또한 "햇사레"라는 브랜드 연상이 사과나 배에도 적합할 것인가? 라는 질문에 냉철한 분석이 요구되는 것이다. 단순히 브랜드 파워를 이용하여 사과와 배를 마케팅하는 데 이용하겠다는 생각에서 출발한 것이라면 결코 시도하지 않는 것이 바람직하다. 왜냐하면 힘들게 쌓아놓은 "햇사레 복숭아" 브랜드로서의 명성과 이미지에 큰 손상을 입히게 될 지도 모르기 때문이다. "햇사레" 브랜드 연장을 이용하여 음성지역이나 장호원 사과나 배의 마케팅에 도움을 받으려다 "햇사레" 브랜드 이미지를 실추시킬지도 모르는 소탐대실(小貪大失)을 경계해야 한다.

이보다 바람직한 방향은 "햇사레"라는 브랜드를 사용하는 생산농가들의 복숭아 품질관리를 보다 철저히 하여 "썬키스트" 오렌지와 같은 프리미엄 브랜드로 육성하는 것일 수 있다. 그리고 난후 타 지역에서 생산된 복숭아 중에서 우수 제품들만을 선별하여 "햇사레" 브랜드를 사용하여 판매함으로써 매출과 수익을 향상시키거나, 일정 품질수준 이상의 복숭아 생산농가에만 브랜드를 라이센싱하여 상표 사용료 수입을 얻는 방향이 바람직할 것이다. 또한 어느 정도 일관된 품질에 대한 고객신뢰가 강해졌을 때, "햇사레 복숭아 통조림"이나 "햇사레 복숭아 주스"와 같은 신사업으로 확장시켜가는 것이 효과적일 것으로 판단된다. 왜냐하면 농·특산물이든 공산품이든 고객이 신뢰하는 브랜드나 명품이란 단일 품목에 오랜 기간 생산자의 정성과 일관된 품질 향상과 차별화 노력을 통해 만들어지는 것이기 때문이다.

열대과일의 대표 브랜드로 포지셔닝되어 있는 "Dole"의 경우는 파인애플에서 성공한 이미지를 바탕으로 바나나로 브랜드 연장하여 성공하였다. 예를 들어, 국내 농·특산물 중 수박이나 멜론, 참외의 경우 재배환경과 제품 특성이 유사한 점이 있기 때문에 "OOO수박"처럼 한 품목의 성공을 발판 삼아 "OOO멜론" "OOO참외"등으로 동일 브랜드를 연장해 사용한다고 할지라도 고객들의 거부반응은 없을 것이다. 이와 마찬가지로 새송이에서 좋은 고객 평판과 신뢰를 획득한 버섯사업자가 양송이, 표고버섯, 팽이버섯 등 다양한 버섯류로 사업을 동일 브랜드로 확장해 간다 할지라도 고객들은 '버섯이라는 동일 특성' 때문에 쉽게 받아들여 줄 수 있을 것이다.

그러나 쌀, 수박, 토마토, 멜론, 브로콜리, 감자, 밤, 포도, 사과, 배, 양송이처럼 서로 제품 간의 공통 특성이나 재배 방법에 어떤 유사점도 찾을 수 없는 경우에는 브랜드 연장 전략은 결코 바람직하지 않다. 예를 들어, 양지에서 생산되는 수박과 음지에서 재배되는 버섯에서 어떤 공통점을 찾을 수 있으며, 밤이라는 건과와 참외라는 생과에서 고객들은 어떤 공통분모를 찾을 수 있겠는가? 억지로 공통점을 찾으려면 찾을 수는 있겠지만, 과연 그런 점을 고객이 쉽게 수용해주겠는가 말이다.

"햇사레" 와 "안성마춤"의 차이점

농산물 파워 브랜드로 평가받고 있는 "햇사레"복숭아(품목별 공동브랜드)도 아직까지 품질관리와 브랜드 마케팅의 일관성 측면에서 다소 부족한 점이 있지만, "햇사레"복숭아는 어느 정도 고객의 신뢰를 받고 있다고 인정할 수 있다. 이에 반해 소비자들에게 널리 알려진 대표적인 지역 농산물 공동브랜드인 "안성마춤"이나 "굿뜨레"의 경우는 브랜드 인지도는 높을지라도 파워 브랜드라고 하기에는 부족한 점이 많이 있다.

"햇사레" 복숭아와 유사한 사례를 국내에서 찾기는 어렵고, 해외에서는 쉽게 찾아볼 수 있다. 그 대표적인 사례로 미국 캘리포니아 오렌지 생산농가가 주축이 되어 결성하여 만든 "썬키스트" 오렌지와 최고의 농업경쟁력을 자랑하는 뉴질랜드 키위 생산농가들이 주축이 되어 만든 "제스프리" 키위가 여기에 해당된다. 여기서 농·특산물 파워브랜드로 세계적으로 인정받고 있는 "썬키스트" 오렌지와 "제스프리" 키위의 성공사례를 간략히 살펴보자.

이들 브랜드가 성공하게 된 대표적인 정책들을 살펴보면, 첫째, 생산농가는 품질 좋은 오렌지 생산에만 전념하고, 공동생산. 공동출하. 공동 계산제를 기초로 한 공동마케팅을 철저히 실행함으로써 일관된 브랜드 마케팅 전략을 수립 시행할 수 있었다. 둘째, 브랜드 관리를 위하여 명확한 품질 규격의 제정하고 철저하고도 엄격한 품질관리를 통하여 생산농가로부터 "엄격한 품질관리 = 브랜드 신뢰구축 = 농가소득 향상"이라는 등식을 이끌어내었다는 점을 들 수 있다.

1907년 미국 캘리포니아주 6,500여 오렌지 생산농가의 가격 출혈 경쟁으로 인한 손실 방지와 안정적인 판로 확보를 위해 그들 스스로 협회를 설립한 후 "태양의 입맞춤"라는 의미를 담고 있는"선키스트"는 공동브랜드를 도입하였다.

이들은 "선키스트" 경쟁력을 향상시키기 위하여, 첫째, 우수 품종의 묘목을 개발하여 회원농가에 보급하고, 둘째, 통일된 재배방법의 도입과 품질연구소를 건립하여 생산농가들로 하여금 생산 단계별로 제품을 정기적으로 수거하여 품질 검사를 실시함으로써 품질 균일화와 품질향상을 도모하였고, 셋째, 생산농가지역을 캘리포니아에서 플로리다로 확대함으로써 규모화를 강화시켰으며, 넷째, 대규모 저온저장고 건설로 홍수 출하의 예방함으로써 수급조절로 가격 안정화 효과를 얻었고, 다섯째, 해외제휴 업체 및 가공식품 업체의 경우에도 품질 검사관을 파견하여 정기적인 품질 검사를 실시하여 품질 규격에 합격한 경우에만 "선키스트" 브랜드 사용을 허가함으로써 품질 저하로 인한 브랜드 이미지 손상을 방지하였다.

특히 철저한 브랜드 관리를 통해 품질기준에 합격한 경우에만 "선키스트" 오렌지로 판매를 허용하고, 등급 이외 제품의 경우 전량 오렌지 쥬스로 판매함으로써 고객으로부터 품질에 대한 신뢰를 확보하였다. 특히 기후 변동에 따른 전반적인 오렌지 품질

저하가 발생한 경우에도 동일한 기준을 적용하여 오렌지로 판매할 제품과 주스로 사용할 제품을 엄격히 구분하였다. 또한 "선키스트"는 세계적으로 오렌지 소비 촉진을 위한 국가별 집중적인 광고와 켐페인 실시하고 시식 행사 및 상품전시회 등을 지속적 실시하였다. 그리고 "선키스트" 취급확대를 위한 유통업체 지원 프로그램의 실시하고, 정기적인 소비자 조사를 통한 신제품 개발 및 광고 전략 수립하고 있으며, 정기적인 유통업자 조사를 통한 체계적인 유통지원 정책의 개발하고, 브랜드 사용업체를 확대하여 브랜드 로열티 수입을 증가시키는 한편 이에 따른 엄격한 브랜드 관리로 신뢰도저하를 방지하고 있다.

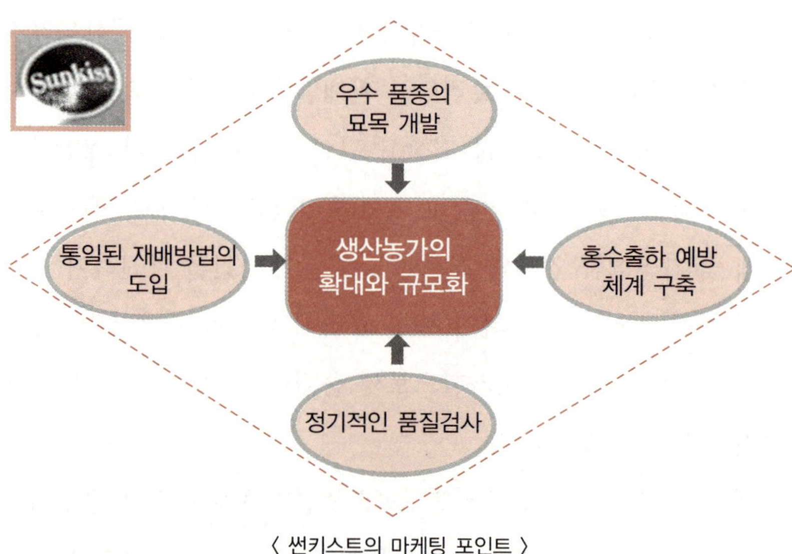

〈 썬키스트의 마케팅 포인트 〉

반면에 "제스프리"는 1987년 전체 키위 생산농가 80%이상의 찬성으로 뉴질랜드 "키위후르츠 마케팅 보드"라는 조직과 함께 공동브랜드로 탄생되었다. 뉴질랜드키위 농가들은 1980년대 초 정부가 키위 생산농가들에 대한 농가보조금과 세금감면 혜택을 폐지하자 이에 대한 탈출구로 해외 시장에 진출하기 시작하였다. 이런 와중에 키위 수출업체간 과당경쟁으로 가격 폭락이 일어났고, 품질 문제로 인해 클레임이 끊임없이 발생하여 수출제품이 반품되는 등 엄청난 손실을 입게 되었다. "생존이냐? 공멸이냐?"는 절박한 상황에 봉착하게 된 2,600여 키위 생산농가들은 해결방안으로써 생산농가의 조직화와 규모화에 착수하였다. 곧이어 "제스프리"라는 공동브랜드를 사용하면서 품질 향상에 힘쓰는 동시에 공동마케팅을 통해 홍수출하와 생산농가의 출혈 경쟁을 방지함으로써 가격 안정과 가격 인상, 유통협상력 증대 효과를 얻음으로써 결과적으로 생산농가의 소득이 크게 향상되었다.

현재 키위 공동브랜드인 동시에 공동마케팅조직의 이름이기도 한 "제스프리"는 전세계 키위시장의 25% 점유하고 있으나, 정부로부터 키위수출독점권과 품질기준 결정권 을 부여받고 품종개량을 연구개발비를 지원을 받고 있지만, 100% 민간 자율조직인 것이 특징이다.

처음 키위를 해외로 수출할 때 겪었던 품질 문제로 인한 엄청난 손해를 다시는 입지 말자는 생각에 철저한 품질관리에 초점을 맞추었다. 첫째, 생산에서 수확 후 품질관리, 해외 현지에 제품이 도착하여 매장에 진열될 때까지 철저한 품질관리 시스템을 구축하였으며, 둘째, 철저한 천연재배 원칙으로 화학비료대신 자연영

양소를 사용하고 있으며, 농약 잔류량이 "0"인 상태에서 수확하고, 저온 저장시스템을 갖춘 수출전용선박을 통해 최상의 조건으로 수출하고 있다. 셋째, 우수 제품 개발을 위한 과감한 연구개발 투자로 골드 키위를 개발함으로써 농가수익을 크게 향상시킬 수 있었고, 또한 키위 생산의 중심부에 설립한 연구소에 매년 50억여 원 정도를 투자하여 점보키위, 유기농 키위 개발하는 데 성공하였다. 넷째, 자율 경영과 투명 경영을 원칙으로 운영하고 있으며, 자율적 의사결정과 회계자료의 공개, 농가대표단과 포장시설 대표단의 정기미팅을 통해 생산농가들로부터 확고한 신뢰를 얻고 있다. 다섯째, 철저한 계약 재배 및 경쟁자와의 전략적 제휴 협력을 통해 생산 농가를 보호하고 출혈경쟁을 방지하고 있다. 특히 년 중 키위 제품 공급을 위해 북반구 지역에서 키위재배에 성공한 한국 "참다래 영농조합"과 협력하고 있다.

〈 제스프리 성공요인 〉

지역 공동브랜드 도입의 문제점과 개선 방향

국내에서 도입. 사용되고 있는 지역 공동브랜드는 왜 공동브랜드를 도입 사용해야 하는지에 대해 사전에 지역 주민들과 생산농가들의 충분한 이해와 공감대 구축하지 못한 체 시행된 경우가 대부분이다. 이로 인해 생산농가들의 참여비율이 낮아서 초기에 매우 고전한 경우가 많고 아직도 조직화와 규모화에서 어려움에 봉착하고 있는 지역이 많다.

또한 지역 공동브랜드를 도입하기 위한 사전준비 작업은 무엇이고, 어떤 품목과 상품에 브랜드를 사용하고 어떤 원칙으로 선정해야 하는지, 향후 브랜드 육성을 위한 프로그램은 무엇이며, 누가 브랜드 육성 및 관리 업무를 맡아 실행해야 하는지, 브랜드 품질관리는 어떻게 해야 하는지에 대해 충분한 연구 없이 a경우가 대부분이다. 따라서 대부분의 지자체나 연합사업단 관계자들의 경우 오로지 브랜드를 널리 알리면 된다는 생각에 빠져 장기적인 브랜드 전략보다는 단기적인 광고와 이벤트. 판촉행사 실시에 집중하고 있는 경향이다.

이와 같은 문제점에 봉착하고 있는 지역 공동브랜드의 상당수는 지자체 스스로 지역 농·특산물 경쟁력 강화 필요성을 절감하여 도입한 것이라기보다는 정부의 정책방향에 따라서 정부 지원금을 받아야 한다거나, 다른 자치단체에서 실행하고 있으니 우리도 도입하지 않으면 안 된다는 강박관념에서 시작한 경우도 많은 것이 사실이다.

이런 지역 공동브랜드 도입 방향을 크게 2가지 방향으로 나누어
볼 수 있다.

　첫째는 서울이나 광역시를 중심으로 지역의 중소기업 마케팅
을 지원하기 위하여 공산품 공동브랜드를 제정 도입하는 것이고,
둘째는 농촌지역 지자체를 중심으로 농·특산물 마케팅을 지원
하기 위한 공동브랜드의 도입이다.

중소기업 마케팅 지원을 위한 공동브랜드

서울은 우수중소기업 지원을 위한 정책의 일환으로 "Hi Seoul"이라는 "서울 브랜드 슬로건"을 공동브랜드로 제정하였고, 2003년 6월부터 하이서울 브랜드사업 전담조직인 서울산업통상진흥원(SBA)에 마케팅본부를 두어 공동브랜드 지원 사업을 전개해 왔다. 서울시와 SBA는 상품력은 있으나 고유브랜드 육성 능력을 갖추지 못한 우수한 중소기업의 마케팅활동 지원을 목표로 하고 있다. 이런 정책은 적은 마케팅 지원비용으로 다양한 분야의 기업을 지원할 수 있기 때문에 비용 효율측면에서는 좋은 아이디어로 보인다.

"Hi Seoul"이라는 공동브랜드를 도입. 시행하기 이전에 브랜드 마케팅 관점에서 보다 체계적이고 다각도의 검토가 필요했을 것으로 여겨진다. 물론 이런 정책을 도입 시행할 때 수많은 브랜드 전문가들의 자문을 받았을 것이다. 그러나 전문가들에게 우수 중소기업을 위한 제대로 된 마케팅 지원과 공동브랜드정책이 무엇인지부터 연구하도록 했다면, 지금 시행하고 있는 공동브랜드 정책과는 큰 차이가 있었을 것이라 확신한다. 필자의 견해로는 서울시에서 "Hi Seoul"를 도시 슬로건을 공동브랜드를 도입하겠다고 방침을 정한 다음에 전문가들을 참여시켰기에 이런 현상이 만들어진 것이 아닌가 생각된다.

여기서 다시 한 번 깊이 생각해보아야 할 점이 있다. 그것은 바로 서로 다른 특성을 가진 수많은 제품에 동일한 브랜드를 사용하는 것이 장기적으로 마케팅 및 차별화 효과가 있느냐 하는 것이다. 물론 브랜드 홍보와 광고측면에서 볼 때 매우 비용 효율적이고 생산성이 높은 방법일 것이다. 그러나 고객이 기업이나 브랜드로부터 원하는 것은 특정 브랜드가 자신이 원하는 차별화된 가치를 가졌느냐와 자신의 기대를 얼마나 한 번에 충족시켜줄 수 있는 효과가 있느냐이다. 왜냐하면 고객이 원하는 것은 특정 상품분야에서 뛰어난 품질을 가진 신뢰할 수 있는 브랜드 상품이지, 아무런 특징이나 특색도 없는 이름뿐인 상품은 결코 아니기 때문이다.

이런 브랜드란 고객이 인정할 때만 비로소 브랜드로서 가치를 갖게 되는 것이다. 개인이나 기업이 특정 상품을 경쟁자와 차별화하기 위한 방법으로 도입하지만, 일정기간 브랜드 마케팅과 커뮤니케이션의 결과로 고객들에게 독특한 브랜드 컨셉트와 차별화된 이미지의 상품으로 강하게 인식되어야 하는 것이다.

브랜드 육성 시 가장 중요하게 고려해야 할 요인은 브랜드 광고와 홍보의 비용 효율성이 아니라, 예를 들면, "햇사레 '하면 복숭아, "비락"하면 식혜가 떠오르는 것처럼 브랜드가 독특하고 차별화된 특정 상품의 상징으로 고객들에게 강하게 인식되고 시장에서 강력하게 자리매김하도록 만드는 것이다. 물론 브랜드 인지도 측면에서 볼 때, 공동 브랜드를 이용하여 적은 비용으로 수십 개 상품을 통해 알린다면 조기에 쉽게 알릴 수 있어 비용효율 측면에서 유리할 것이며, 조기에 브랜드 인지도를 확보하고자 하는 국내외 마케팅활동에 유리한 것은 사실이다.

그러나 브랜드 인지도가 높다고 해서 좋은 상품이고 잘 팔릴 것이라고 생각하면 절대 오산이라는 점이다. 이런 현상은 "안성마춤" "굿뜨레"등과 같은 농·특산물 공동브랜드에서도 공통적으로 나타나고 있는 문제점들이다.

서울시 "Hi Seoul"

서울시에서 시행하고 있는 우수중소기업 육성을 위한 마케팅 지원정책의 기본 취지에는 공감한다. 물론 "Hi Seoul"이라는 공동브랜드가 친근한 느낌을 주고 발음하기 쉬우며 누구나 쉽게 인지할 수 있는 이름이라는 사실에도 전적으로 동의한다. 그러나 공동브랜드를 사용하는 상품의 선정 기준과 운영, 그리고 브랜드의 활용방식을 볼 때, 고객의 관점과 브랜드 마케팅의 원칙에 적합지 않은 점이 몇 가지 있는 것처럼 느껴진다.

첫째, "Hi Seoul"은 서울시를 홍보하기 위한 브랜드 슬로건으로 적합할지 모르나, 상품의 브랜드로 활용되기에는 어려운 특성이 있다. 왜냐하면, "Hi"는 전 세계 어디서나 사람들이 만날 때 친근함의 표시로 사용하는 인사말의 단어이기 때문이다. 브랜드란 특정 제품이나 서비스가 고객들로 하여금 특정 이미지나 어떤 차별성을 인식하도록 만들기 위한 것이지, 결코 도시를 홍보하기 위한 것은 아니기 때문이다.

둘째, "하이 서울"이라는 브랜드가 많이 알려진다 할지라도 이런 단어를 보거나 들었을 때, 과연 고객들이 무엇을 연상하겠는가 하는 점이다. 한국의 서울, 서울의 역사적. 지리적. 문화적 특성이 머릿속에 떠오르지 과연 서울시가 의도한 바대로 첨단 정보통신이나 다양한 제품과 기업들이 먼저 떠오르겠느냐는 점이다. 브랜드 마케팅을 하는 궁극적인 목표중의 하나가 고객이 브랜드 상표나 BI를 보거나 들었을 때 특정 상품을 마음속에 떠올릴 수 있도록 만드는 것인데, 아무런 상품이나 회사를 연상하지 못한다면 그런 브랜드가 마케팅 상에 어떤 가치가 있겠는가?

셋째, IT 및 정보통신과 관련된 상품이나 일반 공산품에도 브랜드로써 도시 명을 사용할 수도 있을 것이다. 그러나 적어도 그런 결정을 하기 전에 과연 서울의 도시 이미지가 어떤지 조사해보아야 했을 것이다. 서울의 연상 이미지가 어떠한가에 따라 마케팅에 도움이 될 수 있지만 부정적인 영향을 줄 수도 있기 때문이다.

서울이라는 도시 이미지가 과연 긍정적이며 호의적인가? 그리고 서울의 도시 이미지와 정체성이 해당 제품과 과연 부합되는가 하는 점이다. 예를 들면, "파리(Paris) "라는 도시 명을 이용한 브랜드 마케팅을 한다고 가정해 보자. 분명히 어울리는 품목은 화장품이나 패션. 악세서리와 같은 디자인 제품들일 것인 반면에 어울리지 않는 품목 또한 있을 것이다. 이와 마찬가지로 "서울(Seoul)"이라는 도시가 갖고 있는 이미지에 걸 맞는 상품이란 한정되어 있을 것이다. 이 점 또한 브랜드 사용 상품을 선정할 때 고려했어야할 문제라 여겨진다. 또한 서울 지역명이 붙은 상품들에 대한 고객들의 인식은 어떤지도 알아보았어야 할 것으로 보인다. 물론 어느 국가나 도시를 관광하더라도 지역명이 붙은 상품들은 찾아 볼 수 있다. 그러나 대개는 지역 특산물이나 공예품. 가벼운 의류. 악세서리 상품이 대부분인 것도 사실이다.

넷째, 하나의 브랜드로 서로 이질적인 특성을 가진 많은 상품에 사용했음에도 불구하고, "Hi Seoul"이라는 상표가 다양한 상품분야의 우수 상품을 대표하는 브랜드로 인식될 수 있겠는가 하는 점이다. 즉, "Hi Seoul"은 고객에게 특정분야를 대변하는 전문 상품이나 우수 상품 브랜드로 인식되기 보다는 중저가의 상품 브랜드로 받아들여질 가능성이 높지는 않은가 염려된다. 한편 요행이도 "Hi Seoul"이 특정 상품을 대표하는 브랜드로 인식되어졌다고 했을 때, 그 밖에 다른 제품들의 마케팅은 어떻게 할 것인가? 이런 문제를 어떻게 해결해 갈 것인지 심도 있는 연구가 요구된다.

다섯째, 브랜드란 목표고객에 초점을 맞춘 차별화된 독특한 브랜드 컨셉트를 기반으로 장기간에 걸친 마케팅 및 커뮤니케이션 활동을 통해 고객 인식 상에 강력한 브랜드 아이덴티티를 정립하고 자리매김해야만 브랜드 경쟁력을 유지할 수 있는 것이다. 과연 "Hi Seoul"브랜드 사용에 참여한 수많은 업체들이 자사의 제품에 적합한 차별화된 브랜드 컨셉트를 어떻게 설정할 수 있겠는가 하는 점이다. 기업마다 제품마다 서로 상충된 브랜드 컨셉트를 어떻게 조율할 수 있는지 결코 쉽지 않은 문제이다. 이처럼 서로 다른 기업에서 서로 다른 제품에 동일한 브랜드를 사용할 경우에는 어떻게 일관된 브랜드 컨셉트를 유지할 수 있을 지에 대해 깊이 연구해야 할 것이다.

여섯째, "공동브랜드"를 사용하고 있는 특정회사의 특정 제품에서 품질 불량, 고객 클레임, 공해 배출 문제 등으로 인해 언론에서 크게 뉴스화될 경우, 그 사건과 전혀 관계가 없는 회사나 상품이라 할지라도 고객들은 동일한 브랜드를 사용하는 한 동일한 회사제품으로 오해할 가능성이 매우 크다. 이런 경우 브랜드에 대한 악소문이 퍼져 문제를 일으킨 기업이나 제품과 무관한 기업과 제품이라 할지라도 회사 및 브랜드 이미지 실추와 함께 매출 하락 등 직간접적으로 큰 피해를 입게 될 수 있다. 이런 상황이 발생할 경우 어떻게 대처할 것인가는 크게 고민해야 할 과제이다.

앞에서 언급한 것과 같이 공동 브랜드를 도입하기 이전에 고객 관점, 서울이라는 도시 이미지, 참여기업의 제품 품목과 품질 수준 등을 다각도로 검토한 후에 결정했어야 했을 것이라 생각된다. 그러나 지금이라도 장기적인 관점에서공동브랜드 전략을 재정비할 시점이라 생각한다.

필자는 "Hi Seoul"처럼 본래 적용 품목이 무제한적인 공동브랜드 정책을 부정적으로 바라보는 입장이다. "코리아"라는 국가브랜드의 이미지가 미국이나 유럽. 일본 등 선진국가의 국민들에게서 아직도 매우 부정적이거나 매우 인지도가 낮은 상황이고, 또한 국내 도시 중에서 해외에 잘 알려진 도시도 거의 없을 뿐 아니라 호감도가 높은 도시가 아직은 없다는 사실을 고려해야 할 것이다. 혹자들은 삼성전자나 LG전자라는 브랜드가 정보. 통신과 가전. 반도체 등에서 세계 선진국 시장을 장악해갈 만큼 널리 알려져 있기 때문에, 미국이나 유럽 대부분의 국민들 또한 대한민국을 잘 알고 있을 것이라 생각하는 사람들이 많다. 그러나 현실은 매우 다르다.

삼성이나 LG. 현대자동차. 포스코 등과 세계적인 기업들의 피나는 노력에 힘입어 대한민국의 위상과 이미지 제고된 것은 사실이지만, 아직도 미국이나 캐나다 국민의 상당수가 삼성이나 LG가 한국 기업이라고 알고 있기 보다는 일본 회사라고 잘못알고 있는 실정이다. 또한 많은 경우 "대한민국(Korea)"으로 인식하기보다는 다소 부정적인 이미지를 내포하고 있는 분단국가 "남한(South Korea)"로 표현하는 경우가 훨씬 많다는 점 또한 고려하는 것이 필요하다고 생각한다.

왜 이런 현상이 일어났는가? 한국이 미국을 위시한 서구 언론에 소개될 때, 대부분 서울이라는 도시명이 거론되어 왔다. 그러나 뉴스의 상당수는 도심에서 화염병을 던지며 경찰들과 싸우는 극렬한 데모 현장이나 극심한 노조문제, 부정적인 정치 상황이나 북핵이나 테러 사태와 같은 부정적인 사건이 대부분을 차지해왔기 때문에, 서울 브랜딩에 있어서 매우 부정적인 국가 이미지와 연상이 강하다는 사실을 고려해야 할 것이다.

서울에 소재한 우수 중소기업들의 제품을 활용하여 "서울(Seoul)"이라는 도시를 홍보하려는 전략이 아니라면 "Hi Seoul"이라는 공동브랜드 전략은 현시점에서 재고할 필요가 있다고 생각된다.

필자들의 생각으로는 서울시가 우수중소기업을 지원하기 위하여 실시하고 있는 "Hi Seoul"라는 공동브랜드 지원 사업보다는 우수 중소기업들의 국내외 마케팅활동을 지원하기 위한 해외 전시회 참가와 마케팅에 필요한 공동홍보, 그리고 기업의 독자적인 브랜드 개발과 이에 필요한 브랜드 컨설팅 지원, 교육지원 등으로 정책방향으로 바꾸어나가는 것이 보다 바람직할 것이라 여겨진다.

특히 "Hi Seoul"이라는 공동브랜드 지원 정책은 서울을 상징하는 패션이나 잡화처럼 관광 상품화하기 좋은 상품 군에 한정하여 브랜드를 활용하는 방법을 검토해보는 것도 좋을 것이다. "Hi Seoul"이라는 공동브랜드에 아무리 많은 마케팅 자원을 투자한다고 할지라도 결코 정보통신, 패션 및 문화 컨텐츠, 생활용품 등 이질적인 상품군의 마케팅을 효과적으로 지원할 수 없을 것이라 판단된다.

서로 다른 수많은 제품에 동일한 브랜드를 강요하기 보다는 고객 관점에서 유사 상품으로 인식하는 상품을 분야별로 묶어 우수 기업만이 참여하여 사용할 수 있는 상품 군별 공동 브랜드를 제정하여 공동마케팅 활동을 전개해갈 수 있도록 지원하는 것이 훨씬 바람직할 것이다. 왜냐하면, 제품군별로 고객들에게 내세워야 하는 브랜드 컨셉트와 이미지가 다를 뿐만 아니라, 상품을 찾는 해외 바이어들과 고객들 또한 다르기 때문이다. 또한 해외 마케팅에 있어서 상품 군별 공동 마케팅은 시너지 효과를 가져다 줄 수 있기 때문이다.

대구광역시 공동브랜드 "쉬메릭"

패션 비엔날레를 매년 개최하며 패션산업을 중점 육성하여 섬유도시에서 고부가가치 창출을 할 수 있는 패션 디자인과 패션산업도시로 탈바꿈하려는 노력의 일환으로 대구광역시에서 도입한 공동 브랜드 사례를 살펴보자. 「꿈같은」, 「환상적인」이란 의미의 프랑스어 CHIMERIQUE의 파생어인 "쉬메릭(CHIMERIC)"은 국내 다른 지역과 생산량이나 품질 면에서 차별화가 뚜렷함에도 불구하고 수출의 90% 이상을 OEM 방식에 의존하고 있는 안경테, 우산·양산, 양말 등 8개 품목의 국제 경쟁력을 높이고 해외시장 판로개척을 위해 개발하였다.

그러나 공동브랜드인 "쉬메릭", "실라리안"등을 각 분야에 공동브랜드로 활용하고 있으나 브랜드 마케팅의 관점에서 볼 때 미흡한 점이 많은 것처럼 보인다. 대구지역의 생산자와 소비자들이 아무리 좋다고 한들, 표적고객이 되어야 할 서울과 수도권 더 나아가 해외 고객들이 브랜드 컨셉트와 광고. 홍보메시지나 전략에 공감하지 않는다면 무슨 소용이 있겠는가? 상품을 만드는 것은 기업의 생산라인이지만 브랜드를 만드는 것은 고객의 마음속이다. 즉, 상품이 좋고 나쁨이나, 품질이 좋고 나쁨을 결정하는 것은 생산자가 아니라 고객인 것이다. 생산자나 자치단체 입장에서 만족한 브랜드 전략이 필요한 것이 아니라 그 보다는 고객이 인정하고 수용해줄 수 있는 명확한 브랜드 전략과 커뮤니케이션 활동이어야 하는 것이다.

따라서 공동 브랜드 전략을 수립 시행함에 있어서 고려해야 할 주요사항은

첫째, 어떤 품목에 브랜드를 도입할 것인가 하는 원칙을 수립해야 한다.

둘째, 누구를 목표 고객으로 하는 것인가 명확히 하고, 목표시장을 좁혀야 한다.

셋째, 어떤 브랜드 컨셉트로 어떻게 차별화된 포지셔닝을 구축할 것인가?

넷째, 어떤 차별적 우위를 내세워 핵심 메시지를 전할 것인가 구체화하여야 한다.

다섯째, 어떤 품목을 대표하는 브랜드로 고객에게 알릴 것인가? 등과 같은 핵심 문제에 답을 제시하는 것이다.

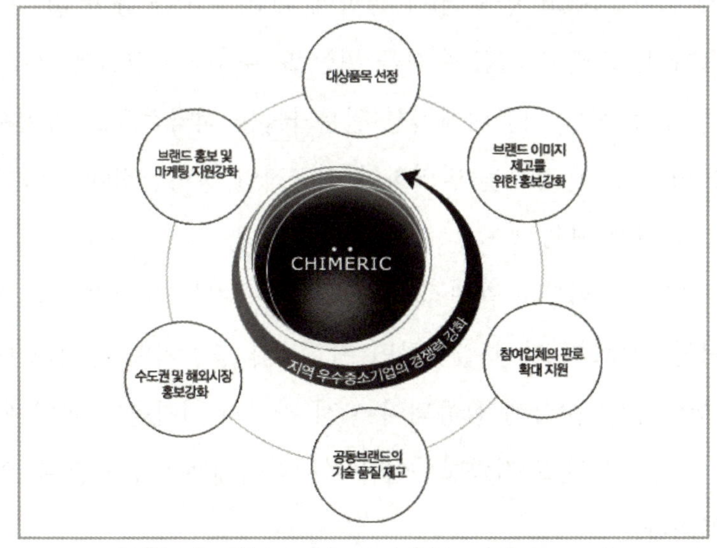

〈 자료 : http://www.chimeric.kr/chimeric/intro.asp 〉

우수 중소기업 마케팅지원을 위한 공동브랜드 전략이 성공하기 위해서는 목표고객의 선정, 브랜드 사용상품의 선정, 모든 제품에 적용하게 될 브랜드 컨셉트의 설정, 목표로 하는 브랜드 이미지, 브랜드 제품의 품질관리 등 다각적인 측면에서 보다 주도면밀한 검토가 요구된다. 왜냐하면 서로 다른 기업에서 생산하고 있는 제품 각각의 특장점에 어떤 유사점이 있는지, 표적고객은 일치하는지, 각 기업들이 추구하려는 브랜드 포지셔닝은 무엇인지 등을 고려하지 않은 채 브랜드 마케팅을 실시해서는 통일된 브랜드 이미지와 고객 신뢰를 얻을 수 없기 때문이다.

한편 공동브랜드가 성공하기 위해서는 참여기업간의 상호 신뢰와 협력 그리고 브랜드 커뮤니케이션 전략 방향에 대한 이해와 공감이 필수적이다. 또한 브랜드 활동 결과에 대한 주기적인 평가와 점검 그리고 향후 전략 방향에 대한 토론을 통한 피드백이 필요하다. 그리고 의견 수렴을 위한 토론이나 워크숍에 외부 마케팅 및 브랜드 커뮤니케이션 전문가들을 적극적으로 참여시켜 그들의 의견과 경험을 반영하여 전략적인 방향설정에 활용하는 것이 효과적이다.

왜냐하면 외부의 객관적인 시각과 전문가들의 비판과 의견을 받아들임으로써 자칫 잘못하면 지자체나 중소기업 중심의 내부적(생산자적) 시각에 함몰되어 고객 관점의 시각을 간과하게 되고, 그릇된 브랜드 전략방향이나 아이디어채택을 방지할 수 있기 때문이다.

최근 자치단체에서는 지역 내에서 사업 활동을 하고 있는 업종조
차 서로 다른 기업들을 지원하기 위해 앞 다투어 공동브랜드 도
입정책을 경쟁적으로 실시하고 있다. 정책적인 의도는 지역 내
기업들이 생산하였지만 제품 상호간에 연관성이 거의 없는 품목
의 제품이라 할지라도 동일한 브랜드를 부착해 마케팅하도록 하
고, 브랜드 제품을 위한 광고와 홍보활동을 지원하면 적은 비용
으로 많은 홍보지원효과를 얻기 위함임 것으로 판단된다. 이와
같은 현행 공동브랜드 도입전략은 방향을 크게 전환하지 않는 한
중소기업 마케팅 지원활동의 비용 효율성측면에서 좋을지는 모
르겠지만 그 성과나 효과가 미미할 수밖에 없을 것으로 판단된
다. 또한 지자체에서 지역 내 중소기업을 지원하는 일을 하고 있
다는 사실의 홍보 측면에서는 탁월한 방법으로 보일지 모르겠지
만, 브랜드 제품에 대한 고객 신뢰 및 평판 향상 그리고 매출 증
대와 같은 실질적인 효과로 이어지지 못하고 있는 경우가 대부분
이라는 사실 또한 알아야 할 것이다. 물론 자치단체에서 의도한
대로 적은 비용으로 서로 다른 특성을 가진 수많은 제품을 브랜
드를 육성할 수만 있다면 얼마나 좋겠는가? 그러나 고객 관점의
브랜드 네이밍과 브랜드 전략의 기본원리가 반영되지 못한 이런
마케팅 지원방법으로는 중소기업 마케팅 지원에 큰 도움을 주지
는 못할 것이다.

그렇다고 해서 자치단체에서 중소기업을 지원하기 위하여 실
시하고 있는 공동브랜드 정책이 모두 잘못 되었다거나 중단해야

한다는 것은 아니다. 공동브랜드 지원정책은 참으로 좋은 정책적 아이디어라 생각한다. 현재 지자체들에서 앞 다투어 실행하고 있는 공동 브랜드정책이 성공하기 위해서는 먼저 브랜드 네임의 사용원칙, 브랜드 커뮤니케이션 전략과 실행과정의 내용과 방법, 브랜드 품질관리와 운영시스템 상의 문제점들을 다각도에서 철저하게 분석하고 파악하여야 한다. 또한 도출된 문제점을 중심으로 고객관점의 브랜드 마케팅 원리에 입각하여 장기적 시각에서 전략방향을 재정립해 실행한다면 훌륭한 중소기업지원 정책이 될 수 있을 생각한다.

농·특산물 마케팅 지원을 위한 지역공동브랜드

지역공동브랜드 도입은 농림수산식품부의 농업경쟁력 강화 정책의 일환으로 시작되어, 현재 도입된 브랜드들의 성과(고객 신뢰와 평가)와는 관계없이 전국의 지차체는 물론 모든 생산농가들에게 브랜드의 중요성과 필요성에 대한 인식을 일깨우는 데는 크게 이바지한 것은 사실이다.

이런 배경으로 도입된 지역공동브랜드는 충북 음성군과 경기도 이천시 농협이 연합하여 복숭아 단일 품목의 공동마케팅 사업단을 결성하여 만든 "햇사레"를 제외한 대부분의 공동브랜드는 자치단체 또는 연합사업단 주도로 해당 지역 내에서 생산되는 다양한 농·축산물의 판매를 지원하기 위한 차원에서 도입 추진되는 경우가 대부분이다. 그 대표적인 사례로 경기도 안성시가 쌀. 한우. 배. 포도 등 5개 품목에 사용하기 위해 도입한 "안성마춤"이나 충남 부여군의 수박. 멜론 등 10여 개 품목에 사용하기 위해 도입한 "굿뜨레"를 들 수 있다. 또한 쌀의 경우 충남 서산의 "뜸부기 쌀", 전남 영암군의 "달맞이 쌀", 전북 김제시의 "지평선" 쌀 등도 지역 공동브랜드에 해당된다. 강원도 대관령원예 농협사업단의 "스카이 700(Sky 700)", 파프리카를 주력상품으로 하고 있는 농산무역의 "휘모리", 경기도 여주군 농협연합사업단의 "청정뜰", 전남 순천시 농협 연합사업단의 "드림원", 전남 나주시 연합사업단의 "청미래", 제주도 농협연합사업단의 "햇살바람" 등도 있다.

앞에서 예를 든 공동브랜드의 성공여부는 자치단체 보다는 지역의 생산농가 중심의 작목반들과 지역 농협들의 적극적인 참여에 의한 조직화 그리고 규모화에 달려있다고 해도 과언이 아닐 것이다. 특히 공동브랜드가 성공하기 위해서는 자치단체와 연합사업단, 지역농협과 우수 생산농가들이 주축이 된 작목반간의 상호 신뢰와 협력체제가 구축되어야 하며, 브랜드 마케팅에 대한 공동 비전과 공동의 목표를 공유하도록 만들어야 한다. 특히 지역 내 단위 농협과 품목별 작목반간의 상호신뢰와 협력 분위기의 조성 없이는 공동브랜드 운영주체인 연합사업단과 APC의 정상적인 경영과 공돔마케팅이 원활하게 이루어질 수 없는 만큼, 지자체는 서로 다른 이해관계에 놓여 있는 단위농협임원들과 품목별 작목 반장들 간에 공동마케팅 및 공동브랜드 정책에 대한 깊은 이해와 공감대 형성을 우해 더 많은 노력을 해야 한다.

그리고 공동 브랜드 정책이 성공하기 위해서는 먼저 참여주체들 사이에 브랜드에 대한 여러 가지 잘못된 인식과 편견을 바꾸어야 한다. 브랜드의 역할과 중요성 그리고 육성의 기본 원리에 대한 정확한 이해와 브랜드 비전에 대한 공감대가 형성되지 않고는 체계적이고 장기적인 브랜드 육성이란 불가능한 일이기 때문이다.

지역의 공동브랜드라는 정책이 아무리 좋은 발상이라 할지라도 자치단체, 연합사업단, 참여 농협이나 생산농가들에서 브랜드 마케팅이 왜 중요한지, 이를 위해서 장기적으로 어떤 노력을 해야만 하는 지에 대한 명확한 인식이 구축되지 않는 한, 용두사미(龍頭蛇尾)적인 정책으로 전락하고 말 것이다.

현재 성공적인 지역 공동브랜드가 거의 없는 상황을 고려할 때, 이제라도 정책 방향과 브랜드 전략에 대한 근본적인 재검토가 요구되는 상황이 아닌가 생각된다. "우리 지역의 농·특산물이 다른 지역 상품 보다 품질이 우수하고 맛이 뛰어난데도 불구하고 왜 잘 팔리지 않고, 고객으로부터 호의적인 평가를 받고 있지 못하는가?" 누구보다 뛰어난 우수 농산물을 생산한다는 농가들로 수 없이 받게 되는 질문이다. 예를 들면, 경남 진영의 단감 보다 우리 고장의 단감이 당도나 육질측면에서 보다 경쟁 우위를 갖고 있는데, 왜 진영 단감보다 가격이 20 - 40% 정도 저렴하게 팔아야 하는가? 또는 우리 지역에서 생산되는 배가 나주시나 상주시에서 생산되는 배보다 당도나 품질이 우수하다고 판단되는데, 왜 잘 팔리지도 않고 싸구려 제품으로 인식되어야 하는가? 이에 대한 답을 갖고 있는 것이 바로 고객 인식 속에 자리 잡고 있는 브랜드에 대한 평가와 이미지인 것이다. 즉, 사과 중에 사과는 무엇이고, 배중에 배는 무엇이라는 고객 인식, OO단감하면 어떠어떠한 상품이라는 이미지가 제품의 품질과 가격을 결정하는 것이다.

앞에서 말한 생산농가들의 질문에 대한 답을 제공하고 지역 농·특산물의 마케팅을 지원하기 위한 하나의 방편으로 도입된 농·특산물 지역 공동브랜드를 성공적으로 육성하기 위해서는 아래 내용을 기억해야 한다.

첫째, 사업의 주체는 반드시 우수한 생산농가로 구성된 작목반이어야 하고, 그들의 자발적 참여와 협력이 있어야만 성공할 수 있다. 따라서 생산농가들로 하여금 브랜드 마케팅에 대한 중요성과 그 효과를 올바르게 인식할 수 있도록 계도하고, 브랜드 육성을 위해 어떤 역할과 일을 해야 하는 지에 대해 체계적인 교육을 실시하는 것이 더욱 중요하다.

둘째, 왜 공동브랜드를 도입해야 하는지, 어떻게 브랜드를 육성하고 활용하는 것이 경쟁력 강화에 도움이 되는지 등 다양한 관점을 이해한 후 전략적인 사고로 접근하라. 타 지역에서 공동브랜드를 도입과 연합사업단에 결성에 의한 적극적인 마케팅활동에 따른 위기의식에서 단순히 그들이 하는 방법을 모방하거나 또는 농식품부의 정책을 따르지 않으면 정부로부터 지원을 받을 수 없으니까 우리도 하자는 식의 사고는 버려야 한다. 타 지역에서 하는 방식대로 무작정 브랜드를 도입할 경우 득(得)보다 실(失)이 많을 수 있을 뿐만 아니라 지자체나 생산농가들이 원하는 브랜드를 결코 육성할 수 없다.

셋째, 타 지역의 우수 사례라고 해서 무조건적으로 외견상으로 드러난 그들의 브랜드 마케팅 활동을 벤치마킹하지 마라. 그들이 브랜드 도입 전과 초기 운영 시,   어떤 문제점들을 겪고 어떻게 해결해왔는지 등에 대해 철저히 분석하고 파악하는 것이 필요하다. 후발 주자로서 선두 브랜드들을 따라잡기 위해서는 공동브랜드를 도입하기 전에 그들이 겪었던 문제점과 시행착오들을 철저히 연구하고 대비해야만 돈과 시간을 절약할 수 있을 뿐만 아니라 고객들로부터 짧은 기간에 인정받는 브랜드로 자리 잡을 수 있다.

경기도 안성시나 충남 부여군에서 "안성마춤"과 "굿뜨레"라는 농·특산물 공동브랜드를 도입하여 언론에 조명을 받고 성공했다 하니 그들이 하는 방식대로 우리도 하자'는 생각으로 벤치마킹해서는 절대 안 된다. 지역마다 자원의 내용과 규모가 다르고 지역 간에 장단점이 다르다. 따라서 지역에 맞는 차별화된 브랜드 마케팅 전략을 수립 실행해야 한다.

바꾸어 말하면 공동브랜드를 도입하기 전후와 운영상에 어떤 문제점들을 겪었는지, 어떤 방법으로 대처를 해왔는지, 어떤 점을 주력해서 브랜드 마케팅과 관리를 해야 하는 지에 대해 보다 주도면밀한 조사와 연구에 초점을 맞추는 것이 바람직하다.

넷째, 생산자 중심의 사고에서 탈피하여 고객 지향의 사고로 접근하라. 고객이 중시하는 가치평가요인과 생산자가 생각하는 것에 큰 차이가 있으며, 또한 고객이 판단하는 품질 요인(주관적)과 생산자가 중시하는 품질요인(객관적)간에는 큰 차이가 있기 때문이다.

다섯째, 철저한 품질관리에 사활을 걸어야 한다. 품질에 대한 고객의 신뢰를 확보하지 못하고는 결코 파워브랜드로 성장할 수 없다. 또한 수많은 품목에 동일한 브랜드를 사용하는 만큼, 지역

내 생산농가나 브랜드 관련 보드 사람들에게 모든 브랜드제품의 품질관리에 대한 엄격한 기준을 제정하고 이를 철저하게 지키도록 만들어야 한다.

여섯째, 생산량이 많고 시장점유율이 높은 지역의 주력 농·특산물의 경우는 지역 공동브랜드를 도입하기 보다는 '햇사레' 복숭아처럼 단일품목 공동브랜드를 제정하거나 유사속성이 있는 몇 개의 품목(수박. 멜론. 참외/ 담감과 대봉감/ 버섯류/ 엽채류 등)을 대표하는 공동브랜드를 도입하는 것이 바람직하다. 또한 이웃 지역의 생산농가들과 함께 협력할 수 있다면 보다 조기에 규모화를 구축할 수 있다. 이 때 처음부터 규모화를 이루려 하기 보다는 우수 제품을 생산하는 농가를 중심으로 조직화하여 최고 품질의 상품을 생산하는 데 초점을 맞추는 것이 효과적이다. 이를 통해 상품에 대한 고객의 신뢰를 쌓고, 지속적으로 품질 향상과 함께 엄격한 품질관리를 통해 상품에 대한 고객 신뢰를 키워 프리미엄 브랜드를 만드는 것이다.

위에서 설명한 것처럼 프리미엄 브랜드이자 파워브랜드로 성공한 대표적 공동브랜드 사례로는 미국 캘리포니아주에서 오렌지를 생산하는 농가들이 결성하여 만든 "썬 키스트"와 뉴질랜드 키위 농가들이 만든 "제스프리"를 들 수 있다.

5. 농·특산물의 가공식품사업은 이렇게 추진하라

생산시설의 건설보다는 마케팅과 경영능력구축이 우선이다
고객이 원하는 농·특산물의 가공식품은 다르다

5. 농·특산물의 가공식품사업은
   이렇게 추진하라

　현재 농림수산식품부가 앞장서서 농업경쟁력 강화와 농가 소득향상에 초점을 맞추어 농·특산물을 이용한 다양한 가공식품 개발과 사업화를 유도하는 지원정책을 강력하게 실시하고 있다. 농가소득의 향상과 농업경쟁력을 향상시키기 위한 농·특산물의 고부가가치화 정책은 올바른 방향이라 판단된다. 그러나 지자체나 지역의 단위 농협이나 공동 마케팅 조직인 연합사업단이나 APC에서 어떤 방향으로 어떤 방식으로 농수축산물 고부가가치화를 위한 식품 사업을 전개해가야 할지 갈피를 잡지 못한 체 우왕좌왕하고 있는 것이 현실이다. 특히 식품 사업화를 실행하기 위해서 요구되는 뛰어나 경영자나 마케팅 능력을 갖춘 인재가 갖추고 있지 못한 상황에서 지금까지 농산물 생산판매에서 요구하던 마케팅과 경영 역량과는 전혀 다른 차원의 인재를 요구한다. 왜냐하면 농수산물 마케팅에 있어서 경쟁이란 거의 동일한 수준의 생산농가 또는 농협, 지역 간의 경쟁인 반면에 식품 사업이란 우수한 인재들과 브랜드 마케팅력이 국내에서 최고 수준인 CJ나 대상, 풀무원과 같은 대형 식품회사들과 경쟁에서 승리해야 하기 때문이다.

　따라서 농수산물의 고부가가치화 실천 방향에 있어서는 다각도로 깊이 있는 연구가 선행되어야 할 것으로 판단된다. 현재 자치단체나 연합사업단 그리고 단위 농협이나 영농조합 법인을 중심으로 거론되고 있는 단순한 농·특산물의 가공 식품화와 소규모 공장 건설방식으로는 실패할 가능성이 매우 높을 것으로 생각된다. 왜냐하면 웬만한 가공식품치고 마케팅 능력과 브랜드 파워가 뛰어난 대형 또는 전문 식품회사들이 생산. 판매하지 않는 품목이 어디 있는가? 설사 지역에서 생산된 뛰어난 품질의 원재료만을 사용하여 제품을 생산했다 할지라도 어떻게 마케팅할 것인가? 마케팅 전문 인력은 어떻게 확보하고, 홍보 및 마케팅 예산은 어떻게 확보하며, 어떻게 대형식품회사와 경쟁하며 유통 거래선을 확보할 수 있겠는가?

필자들이 염려하는 것은 농·특산물 브랜드 마케팅조차 제대로 하지 못하면서 가공 상품사업에 뛰어들어 어떻게 대형 식품회사들과 경쟁할 것인가 하는 문제다.

생산시설의 건설보다는 마케팅과 경영능력구축이 우선이다.

　현재 지역 농·특산물 생산농가들에게 닥친 가장 큰 과제는 어떻게 지속적인 농·특산물의 품질 고급화와 차별화된 브랜드 마케팅을 통해 판매를 지속적으로 활성화시키고 브랜드를 육성할 것인가 하는 문제이다. 중국이나 해외로부터 저가의 유사농산물이 수입되더라도 경쟁력을 유지하며 국산 농산물이 살아남을 수 있는 방법이란 끊임없는 품질 고급화와 고객들로부터 신뢰와 평판을 구축한 브랜드를 육성하는 길 뿐이다. 이런 어려운 현실 속에서 농수산물 부가가치화 사업에 뛰어들려면 아래와 같은 점을 깊이 고려해야 할 것이다.

　첫째, 대형 식품회사들과 경쟁하지 않아도 되는 차별화된 상품을 개발하기 전까지나 마케팅능력이 확보되기 전까지는 가공 식품 사업에 뛰어들지 않는 것이 엄청난 실패를 막는 길이다. 왜냐하면 생산보다 더 중요한 것은 결국 "차별화된 상품개발에서부터 어떻게 효과적으로 판매할 것이냐"는 마케팅력이기 때문이다.

　필자의 의견으로는 지역별로 특화된 전략 없이 농·특산물 가공 식품사업으로의 진출할 경우, 90년대 중반 수많은 농협들이 어떤 마케팅능력도 갖추지 않고 차별화된 상품을 개발하지 않은 체, 김치공장이나 주스 공장을 설립한 후 엄청난 적자만을 남긴 체 도산했던 전철을 그대로 되풀이할 것으로 생각된다. 이런 실패 사례는 최근 포도산지와 과일주산지들을 중심으로 건설된 와

인공장의 대부분이 품질관리와 판로개척에 실패하여 적자로 운영되거나 공장가동을 멈추고 있는 상황으로 재현되고 있다. 한편 정부에서 지역별로 산지 거점 유통센터를 육성하겠다는 정책 하에 엄청난 예산을 지원하여 건설한 APC센터들은 과거의 RPC센터처럼 시작한지 불과 1~2년 만에 가동을 멈추었거나 엄청난 적자를 내는 골칫거리로 등장하고 있는 것과 비슷하다.

한마디로 말하면 조직을 경영하고 차별화된 우수 상품을 개발하고 브랜드 마케팅 역량을 갖춘 우수 인재를 확보하지 못한 체, 공장만 지어놓고 대형 식품회사들과 경쟁에서 저절로 이기기만을 기원하는 꼴이다. 왜 정부나 자치단체, 단위 농협 그리고 영농조합법인과 생산농가는 과거의 쓰라린 실패 경험이 있음에도 불구하고 아무런 교훈을 얻지 못한 체 동일한 전철을 계속 밟고 있는지 궁금하지 않을 수 없다. 왜 이런 현상이 반복되는가? 그 이유는 자치단체가 앞장서서 생산자 모임이나 단위 농협 또는 영농조합 법인들을 대상으로 정부지원정책을 설명하면서 "정부 지원자금을 받지 않으면 우리만 손해다. 우리도 정부 지원금을 받기 위해 APC센터를 설립하고, 농·특산물 가공공장을 짓자. 타 지역에서 이미 시작했으니 우리도 하지 않으면 뒤 처진다"는 단순한 사고에서 철저한 사전준비도 없이 공장부터 짓도록 유도했기 때문은 아닌지 생각해볼 문제라 생각된다.

또한 공장이 건설되는 동안이라도 "어떤 제품을 만들어야 경쟁력이 있고, 어떻게 공장을 운영하고 어떻게 판로를 개척하고 어떻게 마케팅할 것인가"에 대해 보다 철저히 연구하고, 상품이 출시될 때를 대비하여 거래선 개척을 위해 유통업자들을 만나는 등 철저한 사전준비 작업과정을 간과한 체, 제품을 생산한 후 판매에 나서면서 엄청난 시행착오를 겪었기 때문이다.

앞에서 과거 식품 및 음료 사업화 실패원인을 살펴보았지만, 유감스럽게도 농식품부나 지자체나 연합사업단, 생산농가나 단위 농협 등에서 "아직도 농식품 가공사업에 뛰어들기 위해서는 경영과 마케팅 능력을 갖춘 경영자나 전문 인력이 중요하다는 사실을 제대로 인식하지 못하고 있는 실정이라 생각된다.

농·특산물 분야에 마케팅 전문지식이나 경험을 갖춘 사람이 있으면 좋겠지만, 그 보다는 지역을 사랑하고 고객 현장을 쫓아 다니며 고객에게 최선을 다하고, 어떻게 해서든 생산 농가를 설득하려는 긍정적 사고를 갖추고 열정과 끈기를 가진 사람이 필요한 것이다.

둘째, 공장규모나 최신 설비에 연연하지 마라. 프랑스의 와인산업을 살펴보라. 대규모 공장들이 많아 성공하였는가 아니면 와인 농장별 차별화된 최고급 와인생산과 마케팅 노력의 결과로 이루어졌는가? 프랑스의 유명 와인산지를 방문해 본 사람이라면 수많은 소규모 와이너리들이 모여 프랑스 와인산업의 경쟁력을 만들었다는 사실을 알 것이다. 독일이나 벨기에의 맥주 산업도 소규모 생산업자들이 대부분이지만 지역별 특화와 맛의 차별화로 경쟁력을 유지하고 성장. 발전해왔다. 제조업이든 농·특산물 생산이든 성공한 사례를 보면, "우수한 생산시설이나 공장규모" 때문에 성공한 것이 아니라 "최고의 상품, 우리만의 차별화된 상품"을 생산하겠다는 마음가짐과 고객의 신뢰를 얻기 위해 발로 뛰어다니며 최선을 다한 사업가의 정성과 열정으로 성공한 경우가 대부분이다.

바꾸어 생각하면, 아무리 우수한 대규모의 시설을 가졌다 할지라도 최고 품질의 제품을 생산하고 마케팅하는 능력을 제대로 갖추지 못하면 규모자체가 엄청난 적자의 주범이 될 수밖에 없음을 깨달아야 한다. 어떤 공장을 세우기에 앞서 가장 우선해야 하는 것은 "우리만의 차별화된 최고급 상품을 만들겠다"는 의지와 열정을 갖춘 사업가이다. 신념과 의지를 가진 리더와 인재들만 있다면 반드시 최고의 상품은 만들어지게 되어있고, 아무리 어려운 거래선이라 할지라도 개척할 수 있다.

농·특산물의 고부가가치화는 단순히 가공식품 생산을 위한 공장 건설에 있는 것이 아니라 사실을 깨달아야 한다. 첨단 설비를 갖춘 대형 공장의 유무가 아니라 고객이 원하는 상품 또는 고객의 새로운 욕구를 창출할 수 있는 상품의 개발, 고객에게 새로운 사용경험과 만족을 줄 수 있는 다양한 마케팅 아이디어와 실행력의 유무에 성패가 달려 있다는 사실을 잊어서는 안 된다.

한편 공장 규모나 시설을 과대 포장해서 홍보하려 하지 마라. 과장된 홍보와 광고로 인해 결국 자승자박하는 결과를 낳게 된다. 자치단체에서 대대적으로 홍보하는 몇몇 와인 공장이나 가공

식품 공장을 방문해 본 사람이라면 쉽게 알 수 있을 것이다. 초라한 공장규모와 시설을 견학한 후에 생산된 제품의 품질에 대해 믿음이 가기보다는 규모와 생산 방식에 실망하였을 경우가 더 많았을 것이다. 일반적으로 지역의 농·특산물 가공공장이란 작은 규모일 수밖에 없고, 그런 규모의 생산시설을 지나치게 홍보하는 것은 고객들에게 신뢰를 주기보다는 부정적인 결과만을 얻게 될 가능성이 훨씬 크기 때문이다.

그러나 수작업이나 반자동으로 제품을 생산하는 공장처럼 생산자들의 정성과 노력하는 모습을 보여주며 고객과 대화를 나눌 수 있는 공장이 오히려 고객에게 보다 강한 신뢰와 인상을 심어줄 수 있을 것이다. 왜냐하면 사람들의 정서에 자리 잡고 있는 고향의 정서와 생산자와의 대화를 통해 색다른 느낌을 전할 수 있는 기회 때문일 것이다. 물론 중부 버섯연구소에서 운영하고 있는 충북 괴산에 있는 팽이버섯 재배 공장처럼 소비자들의 상상을 초월하는 생산규모와 시설, 엄격한 품질관리를 하고 있는 곳도 분명히 있다. 그러나 대부분의 현실은 그와 정반대이다. 소규모의 볼품없는 규모와 설비로 된 공장을 갖고 과장된 홍보와 광고를 하려는지 모르겠다. 물론 사람들의 관심을 끌기 위해서 라고 말할 수 있겠지만, 포장만으로 고객의 신뢰를 얻을 수 있는 방법은 없다는 사실을 기억해야 한다.

고객이 원하는 농·특산물의 가공식품은 다르다.

도시에 사는 고객들이 지역에서 생산되는 가공식품에 대해 기대하는 모습과 이미지는 과연 무엇인가? 첨단 설비의 공장을 짓고 어느 규모로 지을 것인지를 생각하는 것보다, 고객들이 원하는 상품은 어떤 것인지 보다 진지한 고민과 연구 그리고 자신들만의 제품 개발과 접근방법을 찾는 노력이 훨씬 절실하다.

고객들이 지역의 농수산 가공식품회사들로부터 기대하는 것이 유명 회사의 공산품처럼 뛰어난 디자인과 세계적인 생산규모와 첨단의 생산설비 그리고 화려한 광고 판촉활동이겠는가? 아니라면 어떤 것들을 기대하고 있겠는가? 아마도 특정 지역에서만 생산되는 식품이면서. 친환경적이면서도 자연 속에서 생산되는 제품. 사람 내음이 느껴지고 생산농가나 지역민의 손으로 만든 것, 특정 지역의 농산물만을 사용한 진품, 그리고 고향의 정서 또는 정성이 담긴 상품이기를 원할 것이라 생각된다.

따라서 농·특산물 가공 식품화의 출발점은 창의적인 아이디어와 마케팅 사고력이 되어야 한다. 대형 식품회사에서 생산되고 있는 상품과 동일한 제품을 생산해서는 결코 성공할 수 없다. 그들보다 멋진 포장 디자인을 개발하여 고객을 유혹할 수 있겠는가 아니면 그들보다 품질관리를 더 잘할 수 있겠는가? 당신이 고객이라면 품질을 믿을 수 있는 대형회사 제품이 있는데, 전혀 알려지지도 않은 작은 회사의 상품을 위험을 무릅쓰고 구입하겠는가?

고객의 관심과 흥미를 끌어낼 수 있는 차별화된 신상품을 개발할 수 있을 때, 사업화에 착수해도 결코 늦지 않다. 어떤 상품을 만들어야 경쟁력이 있을 것인지에 대한 확고한 신념이 서기 전에 성급하게 정부정책에 따라 자치단체와 정부지원을 받겠다는 생각이 앞서 사업에 뛰어드는 것은 어리석은 짓이다. 남들이 똑같이 하는 방식이 아니라 다소 무모하다고 생각하는 나만의 아이디어와 상품을 갖고 사업에 뛰어드는 것이 성공확률이 높다.

국내에서 최초로 낙농가 자신들이 생산한 원유를 갖고 치즈를 생산하기 시작한 전북 "임실 치즈", 고추장이나 된장 등 다양한 장류 제품을 생산해 온 크고 작은 공장들이 밀집되어 전국적으로 유명해진 전북 "순창 고추장", 오래 동안 민속주로 사랑 받아온 "안동 소주" 가 대형공장을 가져서 성공했는지 되돌아보라. 지역만의 특색을 갖춘 상품, 지역만의 색깔과 정취 그리고 생산자의 손끝정성이 느껴졌기에 고객의 마음을 사로잡게 된 것이라 생각된다. 그러면서 자연스럽게 특정 지역을 대표하는 상품으로 연상되는 브랜드가 된 것이다.

한편 대형 식품회사 "풀무원"을 깊이 있게 살펴보면 시사 하는 바가 매우 크다. 이 회사는 90년대 초반부터 두부, 콩나물 등 기본 식품에 대한 농약 사용문제와 비위생적인 생산과 유통관리가 사회적인 이슈로 등장하면서 소비자의 불신이 팽배해지는 상황 속에서 미래 고객의 욕구 포인트는 "안전한 먹거리" 무공해 식품임을 간파한 것으로 판단된다. 이런 고객 및 시장 변화를 읽은 그들은 당시로서는 무모해보일 수 있는 경쟁제품보다 2-3배 가격으로 "풀무원 콩나물과 두부"를 생산판매하기 시작하였다. 브랜드 없이 아무 회사제품이나 구매하던 생필품으로 여겨졌던 콩나물과 두부시장에 가격 경쟁력이란 말을 모르는지 제품 차별화와 브랜드 마케팅에 초점을 맞추고 식품시장의 패러다임을 바꿔나가기 시작했다. 그들은 성공이 불가능해 보이는 마케팅 전략이라 할 수 있는 "식품을 파는 것이 아니라 안전을 판다"라는 모토 하에 생산에서 최종 판매단계까지 엄격한 품질관리 시스템을 도입하고 실천하였다. 특히 업계 최초로 콩나물과 두부에 비닐 포장 방식을 도입하여 식품 안전수준을 한 단계 업그레이드하였으며, 국내 식품산업을 "양과 가격 경쟁"의 시대에서 "품질과 가치의 경쟁"시대로 바꾸는 데 성공하였다.

앞의 사례에서 볼 수 있는 점은, 첫째, "상품 그 자체가 아닌 그 속에 생산자들의 정신과 철학"을 일관되게 상품에 담으려고 노력했다. 둘째, 일관된 핵심 메시지를 지속적으로 전달함으로써 고객 인식 상에 강력하게 포지셔닝할 수 있었다. 셋째, 상품이 아닌 고유의 정서와 문화, 고객체험을 함께 판매했다. 넷째, 자신들만의 차별화된 상품, 최고 품질의 상품을 생산하는 데 최선의 노력을 경주하였다.

그들의 성공요인은 결코 생산 공장의 규모화나 첨단화가 아니었다는 사실에 주목해야 할 것이다. 즉, 브랜드 홍수시대에서 살아남을 수 있는 방법으로 자신들만의 차별화 노력에 일관되게 에

너지를 집중함으로써 고객으로부터 높은 신뢰를 얻게 되었다.

한편 농수산물 고부가가치화 식품 공장을 지을 때, 반드시 자신들만의 공장을 지어야 한다는 고정관념에서 탈피하면 또 다른 좋은 방법들을 찾을 수도 있을 것이다. 대학이나 식품연구소 등과 산학협력을 통해 자신들만의 차별화된 상품 개발에 집중하거나 마케팅력이 뛰어난 대형 식품 회사와 공동으로 가공식품을 개발하여 제품 생산에 주력하고 마케팅은 식품회사에 일임하는 방식도 좋을 것이다. 또는 관광산업 특화개발과 연계한 가공식품의 개발에 초점을 맞추는 것도 효과적인 방법이라 생각된다. 여기서 고려해야할 핵심 포인트는 생산 공장건설이라는 하드웨어 중심의 사고가 아니라 차별화된 신상품의 개발이 먼저라는 사실이다. 예를 들어, 대형유통업체 식품코너에서 판매되는 1-5Kg 규격의 김치는 모두가 비닐로 포장되어 있다. 김치를 담글 줄 모르거나 알면서도 편리함 때문에 수퍼나 대형할인매장 등에서 김치를 구입해 먹는 대도시의 젊은 주부들의 불만족 요인의 해결에 초점을 맞추는 것도 고려해볼 만한 일이라 생각된다. 도시에 거주하는 20 -30대 주부들이라면 매번 김치를 구매해 먹을 때 겪는 불편함 중에 하나가 비닐 포장된 김치를 꺼낼 때, 아무리 조심한다고 할지라도 싱크대 주변에 불가피하게 김치 국물을 흘리게 되어 주변이 쉽게 더러워지고, 이를 닦기 위해 다시 한 번 수고해야 한다는 점이다. 뿐만 아니라 김치를 꺼내 썰어 플라스틱 통에 담는 동안 김치가 비닐포장 속에서 숙성될 때 생성된 김치 냄새가 부엌

전체에 순식간에 번져 냄새가 밴 것을 환기시키느라 고생하는 경우가 많다. 한편으로 가정에서 음식을 만드는 기회가 점점 줄어들면서 칼질하는 기회가 없어 김치를 똑 같은 크기로 가지런하게 썰 수 있는 노하우를 가진 젊은 주부들의 숫자가 나날이 줄어들고 있는 실정이다. 이로 인해 가족들에게 예쁜 모양으로 썬 김치를 먹이고 싶지만, 제대로 썰지 못해 고민하는 젊은 주부가 의외로 많다. 이처럼 포장 김치를 구매하는 고객들의 근본적 불만족 요인을 해결해 주기 위해 소규모 김치공장이라 할지라도 정성을 다해 담은 김치를 시골 지역에 능숙한 주부사원들을 이용하여 동일한 크기로 썰어 "락앤락" 플라스틱 통에 담은 상태로 제품을 생산. 판매한다면 어떻겠는가? 고객입장에서 보면 크게 환영할 만한 김치가 되지 않겠는가 생각된다. 또한 지역별 다양한 김치를 다품종 소량생산 방식으로 세트화한 상품 생산이라면 대형식품회사와의 경쟁에서도 충분히 고객창출이 가능할 수 있지 않을까 생각된다.

한편 건빵이면 모든 사람들이 밀가루나 보릿가루로 만든다고 생각하는 것이 일반적인 상식이지만 현미로 고품질의 건빵을 만들 수도 있을 것이고, 보리와 브로콜리, 보리와 파프리카, 보리와 녹차 등 다양한 재료와 결합된 건빵을 만들 수도 있을 것이다. 경쟁력 있는 식품 산업 육성에 있어서 중요한 것은 고객들에게 새로운 가치를 제공할 수 있는 가공식품 아이디어의 개발과 이의 현실화이지 공장건설 그자체가 아니라는 사실을 기억해야 한다.

웰빙과 건강 그리고 다이어트 욕구가 강해지고 있는 고객 변화에 발맞춰 어떤 상품을 개발하면 시장을 창출할 수 있을 것인지 그 아이디어를 찾는 것이 농·특산물을 고부가 가치 산업화에 관건이다. 또한 건빵의 모양이 반드시 사각형이어야 하고 포장은 비닐 봉지형태이어야 하는가? 건빵의 모양이 사각이고 비닐 포장인 것이 당연한 것 아니냐 라는 말할 수 있다. 그러나 고객의 관심을 유발하고 마음을 사로잡기 위해서라면 미니 크랙커처럼 동그란 모양일 수도 있고 박스 포장이나 미국의 "프링글스" 감자칩 통과 같은 모양으로 생산할 수도 있지 않은가 말이다. 따라서 농식품부나 지자체 공무원, 연합사업단이나 APC 임직원, 단위 농협 임직원들이라면 식품사업의 성공여부는 고객의 마음을 사로잡을 수 있는 상품의 개발과 마케팅에 달려있는 것이지, 생산공장의 규모나 설비와는 전혀 관계가 없다는 사실을 기억해야 한다.

특히 지역 내 식품공장 건설을 결정하기 이전에 "왜 대형 식품 회사들이 생산하지 않는 차별화된 상품개발과 최고 품질의 상품, 지역농산물만을 이용한 진품지향의 상품, 고향의 정서와 생산자들의 정성이 담긴 상품을 생산해야만 하는가? 어떻게 하면 지역관광과 연계된 농식품 생산과 다양한 고객체험을 유도하여 상품에 대한 신뢰와 입소문을 유도할 수 있을까? 또한 브랜드 육성을 어떻게 할 것인가? 경영과 마케팅 마인드가 뛰어난 경영자와 인재 확보를 어떻게 할 것인가? 고객접점 현장과 거래선 개척을 위

해 열정적으로 뛰어다니며 고객의 불만과 목소리에 귀를 기울일
수 있는 사람을 어떻게 확보할 것인지?" 등에 대해 깊이 있게 검
토하고 대책을 수립하는 것이 중요하다는 사실을 알아야 한다.

6. 농·특산물의 명품화 전략은 이렇게 실행하라

6. 농·특산물의 명품화 전략은
   이렇게 실행하라

▌브랜드 인지도가 농산물 명품화를 만드는 것이 아니다

다음은 자치단체의 농·특산물 및 관광 마케팅관련 부서 또는 지역산업육성 및 예산 편성을 총괄하고 기획하는 기획실이나 브랜드 관련 공무원, 연합사업단 및 APC 관계자, 지역의 단위농협 관계자, 지역의 작목반 지도자들로부터 많이 받고 있는 질문이다.

▶ 우리 지역에 대한 인지도가 농·특산물과 관광 측면에서 경쟁 관계에 있는 타 지역에 비해 낮은 데 인지도를 높이기 위한 브랜드 전략을 수립하고 싶다.

▶ 우리 지역의 농·특산물 공동브랜드 인지도가 "안성마춤"이 나 "굿뜨레"보다 매우 낮은 데, 브랜드를 알리기 위한 홍보와 광고 전략에 대해 좋은 아이디어를 얻고 싶다.

▶ 우리 지역의 농·특산물 연합사업을 본격적으로 시작하기 위 해서 공동브랜드의 홍보와 광고를 어떻게 해야 하는지 조언을 듣고 싶다.

과연 "지역 공동브랜드 인지도의 순위가 몇 위인데 어떻게 하 면 순위를 올릴 수 있겠는가?"와 같은 질문이 지역의 농·특산물 경쟁력 강화와 장기적 판매 증대를 위한 브랜드 마케팅에 어떤 의미가 있다고 생각하는가? 물론 브랜드 인지도 순위가 마케팅적으로 어느 정도 의미가 있지만, 단순히 브랜드 인지도나 순위 자체가 브랜드 마케팅에 반드시 도움이 되는 것만은 아니라는 사실을 알아야 한다. 왜냐하면 브랜드 인지도가 아무리 높다 할지라도, 대표상품이 떠오르지 않고 어떤 차별된 가치를 가진 상품인지 인식되지 못한다면 상품 판매에 크게 도움이 되지 못한다. 또한 브랜드 제품에 대한 고객의 품질 인식이 부정적인 경우에는 브랜드 인지도가 높은 것이 오히려 제품 판매에 악영향을 끼치게 되기 때문이다. 현실에서 보면 수많은 상품들의 경우 브랜드의 인지도는 높지만 식상하거나 진부한 이미지와 실패한 이미지 등 부정적 인상 때문에 소비자들의 관심으로부터 멀어지고 종국에는 시장에서 퇴출되고 있는 것들을 볼 수 있다.

이런 상황들을 고려해서라도 자치단체나 연합사업단, APC센터나 단위 농협, 영농조합 법인, 생산농가와 작목반원들은 지역브랜드나 공동브랜드 마케팅을 시작하기 전에 먼저 브랜드 마케팅과 어떻게 해야만 고객들로 신뢰를 받고 이를 지속시킬 수 있으며, 소득증대를 위해 어떻게 하면 명품 농산물로 육성할 수 있는지에 대해 제대로 배워야 한다. 즉 "왜 지역브랜드를 육성하려는 것인가? 우리가 왜 공동으로 브랜드 마케팅을 하려는 것인가? 고객이 신뢰하는 브랜드란 무엇이며, 그런 브랜드가 되려면 어떤 조건을 갖추어야 하고 어떤 노력을 해야 하는가?"등과 같은 브랜드 마케팅의 본질적인 목적과 브랜드의 개념을 정확히 알기 위해 노력해야 할 것이다. 유감스럽게도 현실 상황은 이와 정반대로 나타나고 있다. 지역공동브랜드들을 살펴보면 브랜드 네이밍원칙과 동떨어진 이름이 수없이 많고 그리고 브랜드를 알리기 위한 광고·홍보, 이벤트에 많은 돈과 시간을 쏟아 붓고 있지만, 브랜드 마케팅 본래의 목적과 아주 동떨어진 결과를 얻게 되어 경우가 비일비재하기 때문이다.

한편 지자체 공무원이나 연합사업단 관계자들이 브랜드 마케팅의 핵심을 알지 못하기 때문에 "어떻게 하면 브랜드 인지도를 크게 높이고, 브랜드 인지도 순위를 10위에서 5위로 높일 것인가? 또는 어떤 광고와 이벤트를 실행하면 판매를 증대시킬 수 있겠는가?"와 같은 지엽적인 문제에 매달리는 경우가 많다.

그러나 브랜드를 제대로 육성하기 위해서는 지역브랜드이건 공동브랜드이든 간에 브랜드인지도 순위향상보다는 우리 지역의 어떤 농·특산물이나 어떤 관광자원, 향토요리가 "왜 남다른지 그리고 얼마나 품질이 우수한 것인지"에 대해 소비자들에게 알리는 데 초점을 맞추어야 한다.

따라서 브랜드마케팅 전략이란 인지도 중심이 아니라 타 지역 사람들로 하여금 "그 지역으로 놀러 가고 싶다", "그 지역 농·특산물을 사고 싶다", "그 지역에 가서 향토 요리를 먹고 싶다", "그 지역에서 살고 싶다", "그 지역에서 사업을 하고 싶다"라는 느낌과 마음을 갖도록 만드는 것에 역점을 두어야 한다. 즉, "관광 브랜드", "농·특산물 브랜드", "살고 싶은 정주 공간 브랜드"

로서 고객에게 인식시키기 위한 마케팅과 커뮤니케이션 전략과 아이디어를 개발. 실행하는 것이 중요하다.

바꾸어 말하면, 브랜드 인지도 향상과 인지도 순위 증가에 초점을 맞춘 커뮤니케이션 활동보다는 "OO군에 가보고 싶다", "가족들을 위해 OO군 농·특산물 OO를 구입하고 싶다", "OO지역이 생산하는 OO이 가장 뛰어난 상품이다"라고 생각하는 사람을 조금이라도 증가시키는 것이 몇 배 중요하다는 사실을 기억해야 한다. 따라서 농산물 명품화를 이야기하기 이전에 어떻게 하면 이와 같은 커뮤니케이션 목표를 달성할 수 있을 것인지에 대해 보다 폭 넓고 깊이 있게 고민하고 연구하는 방향이 훨씬 바람직하다고 할 수 있다.

지역 브랜드와 지역공동브랜드는 "지역의 농수특산물이나 가공식품 또는 관광 상품의 매력에 포로가 되는 사람(충성 고객)을 만들고 그 사람들로 하여금 호의적인 평가와 높은 만족을 주변 사람들에게 전파시킬 수 있도록 브랜드 파워를 키우고, 브랜드 신뢰와 평판을 구축하여 브랜드 프리미엄을 갖도록 만들어 안정적인 판로 확보와 생산농가의 소득증대로 이어지도록 만들어야 한다. 아울러 이런 브랜드가 지역 농·특산물이나 관광 산업의 경쟁력을 강화시키고 지역경제 활성화와 지속적인 성장을 촉진시켜주는 수단이 될 수 있도록 만들어야 한다.

지역브랜드 전략이란 높은 브랜드 평가를 얻기 위하여 농·특산물과 관광자원을 발굴하거나 만들어내고, 이를 지역과 기업 그리고 생산자 조직의 발전과 경쟁력 강화로 연결시켜 가는 것이다. 단순히 브랜드인지도를 높이거나 외관적인 인기를 높이려는 것과는 상당한 차이가 있는 것이다. 이런 지역브랜드 전략이란 지역 그 자체와 그 지역의 농·특산물, 관광, 마을 등에 대한 고객들의 평가와 기대를 높이고 이를 충족시켜 나가는 지역의 상품 생산과 서비스의 품질 향상 노력 방향을 제시하여야 한다. 따라서 사람들의 지역에 대한 기대가 높아지는 가운데 특정지역만의 차별화된 매력을 사람들에게 전달되지 않으면 안 된다.

물론 사람들이 지역에 대한 관심과 흥미를 가져주면 그 지역을 방문하고, 지역 상품을 구입해 줄 가능성이 높아진다. 즉 고객의 평가가 높아지면, 그 지역에 대한 호감도와 선호도의 증가로 이어지게 된다. 이렇게 될 경우, 사람들의 지역 재방문과 농·특산물의 재구매 증대로 이어지고, 미래 그 지역에서 살고 싶어 할 수도 있는 사람이 늘게 된다. 이런 상황이 어느 일정기간 지속될 때 지역 활성화는 자연스럽게 이루어진다.

마지막으로 아무리 광고를 통해 브랜드 인지도가 높아졌다 할지라도 고객의 품질 인식과 신뢰도가 낮으면 매출 증대로 이어지지 않는다는 사실 또한 기억해야 한다. 바꾸어 말라면 브랜드 인지도와 상품 매출, 그리고 상품 신뢰도와 전혀 상관관계가 없다는 사실을 정확히 이해해야 한다.

■ 명품화 브랜드의 종류

선키스트 오렌지 재배업자 조합(Sunkist Growers)의 CEO인 러셀(Russell. L. Hanlin)은 "오렌지는 오렌지다. 그 오렌지가 80%의 지명도와 신뢰가 있는 선키스트 브랜드일 때만 이익을 창출한다"고 말한 적이 있다. 이 말은 '왜 농산물 브랜드를 육성해야 하는지'에 대한 당위성을 단순명쾌하게 설명하고 있다.

이와 같이 프리미엄이미지가 높은 파워브랜드는 장기적으로 첫째, 경쟁과의 차별화, 둘째, 고객의 고정화, 셋째, 가격경쟁으로부터의 보호 또는 가격 프리미엄, 넷째, 유통에서의 취급 촉진, 다섯째, 프로모션 비용의 효율화를 높여준다. 결과적으로 고객으로부터 인정받는 브랜드는 경쟁 대비 뛰어난 마케팅 효과와 효율을 높임과 동시에 장기적 이익창출의 원천이 된다.

고객들로부터 품질과 맛을 인정받는 "고창 수박" "나주배" "진영단감" 같은 지역브랜드나 "햇사레 복숭아" 같은 단일품목 공동브랜드가 만들어졌을 경우의 예상수익을 생각해보자. 단순히 한 해 동안 타 지역에서 생산된 수박보다 20 - 30% 정도의 가격프리미엄을 누리는 것으로 끝나는 것이 아니라, 브랜드 명성관리를 철저히 하는 한 지역 생산농가 모두 대(代)를 이어 지속적으로 그 프리미엄을 누리게 된다. 이런 가격 프리미엄 효과를 누리는 브랜드는 크게 "명품 브랜드(프레스티지 브랜드)", "파워브랜드", "매스브랜드"의 세 가지 브랜드로 나눌 수 있다.

첫째, "명품브랜드"는 질(質)로 특화하여 상당한 가격프리미엄으로 이익을 창출하는 것이다. 패션업계의 루이비통이나 구찌, 자동차의 벤츠나 BMW 같은 브랜드가 여기에 해당된다. 이웃 일본에서 명품 농특수산물을 많이 찾아볼 수 있다. 사가세키(佐賀關)에서 잡히는 고등어(세키사바)와 전갱이(세키아지)의 경우는 1마리 2,500 – 3,000엔으로 판매되고 있고, "모모 이치고"딸기는 1개 1,000엔으로 팔리고 있다. 金澤烏鷄庵이란 오골계 계란은 1개 525엔에 판매되고 있으며, 德谷 과일 토마토는 1개 1,000엔에 판매되는 명품 농수특산물로 인정받고 있다. 그러나 아직 유감스럽게도 국내 농수특산물 중에서는 이와 같은 명품 브랜드가 탄생되지 못하고 있다.

둘째, "파워브랜드"는 질(質)과 양(量)의 균형을 취하면서 장기적인 이익성장을 추구하는 것을 말한다. 대표적인 해외브랜드로 "선키스트 오렌지"나 "제스프리 키위", "돌(Dole)"파인애플과 바나나, 일본 아오모리현의 "아오모리 사과" 돗토리현의 "20세기 배"가 대표적인 해외브랜드라면, "고창수박" "나주배" "진영단감" "순창고추장" "햇사레 복숭아"등이 여기에 해당된다고 할 수 있다. 다만 국내에서 파워 브랜드라고 할 수 있는 대부분의 경우 브랜드 품질관리가 미약하기 때문에 하루아침에 그 명성을 잃어버릴 수 있는 가능성이 크다는 점에 유의해야 할 것이다.

셋째, "매스브랜드"는 양(量)을 주무기로 규모의 경제성으로 이익을 올리려는 것이다. 대표적인 해외 브랜드로는 "맥도널드" 햄버거를 들 수 있고 국내 농산물의 경우 대부분의 지역 공동브랜드가 여기에 해당된다고 할 수 있다.

앞에서 설명한 바와 같이 "명품브랜드"와 "파워브랜드", "매스브랜드"의 성격과 특성이 차이가 나는 만큼 농수특산물 명품화 작업에 착수하려면 먼저 명품 브랜드의 기본 속성을 정확히 이해하는 것이 필요하다.

브랜드 명품화 실행전략

브랜드 명품화를 위한 핵심요인으로 차별화, 우수 품질의 상품 생산, 엄격한 품질관리, 뛰어난 제품 및 포장디자인의 개발, 철저한 고객중심의 브랜드 마케팅 전략 등을 이야기하는 경우가 많다. 그러나 명품화는 농·특산물이든 소비재 상품이든 치열한 생존노력, 최고 품질의 제품을 만들겠다는 확고한 신념과 노력, 최고가 되겠다는 꿈과 이를 성취하려는 끈질김, 고객에 대한 정성과 성실함이 바탕이 될 때만 이루어질 수 있는 것이다.

최근 농·특산물 마케팅 또는 관광 마케팅 관련 강의와 컨설팅을 하면서 자치단체의 공무원들과 연합사업단 임직원들로부터 가장 많이 질문 받는 것 중의 하나가 명품화이다. 지역 농업활성화를 위해 어떻게 하면 우리 지역의 농·특산물을 명품으로 만들 수 있고, 고객으로부터 높은 신뢰를 받을 수 있겠느냐? 필자들의 생각으로는 그 답은 간단하다. 세계적인 명품으로 대접받고 있는 상품들과 브랜드들이 지금 어떻게 하느냐가 아니라, 그들이 처음 시작할 때 어떤 마음가짐으로 어떤 원칙을 갖고 상품을 만들고 품질관리와 마케팅을 했는지, 고객의 신뢰를 얻기 위해 어떤 일들을 했는지 철저하게 연구하면 그 답을 찾을 수 있을 것이다.

결론적으로 말하면, 명품화에 성공한 대부분의 경우를 살펴보면 외면적으로 나타난 차별화전략이나 브랜드 육성. 멋진 제품이나 포장 디자인 개발과 같은 것보다도 최고의 상품을 만들겠다는 신념과 최고가 되겠다는 명확한 꿈 그리고 반드시 살아남겠다는 치열한 생존의식, 고객의 신뢰와 평판을 구축할 때까지 한 눈 팔지 않고 정성을 다해 한 우물을 파왔다는 점 등을 들 수 있다. 즉, 남들이 하는 방식이 아니라 자신만의 꿈과 철학을 갖고 남들이 가지 않는 좁은 길을 걸어갔다는 사실을 기억해야 할 것이다.

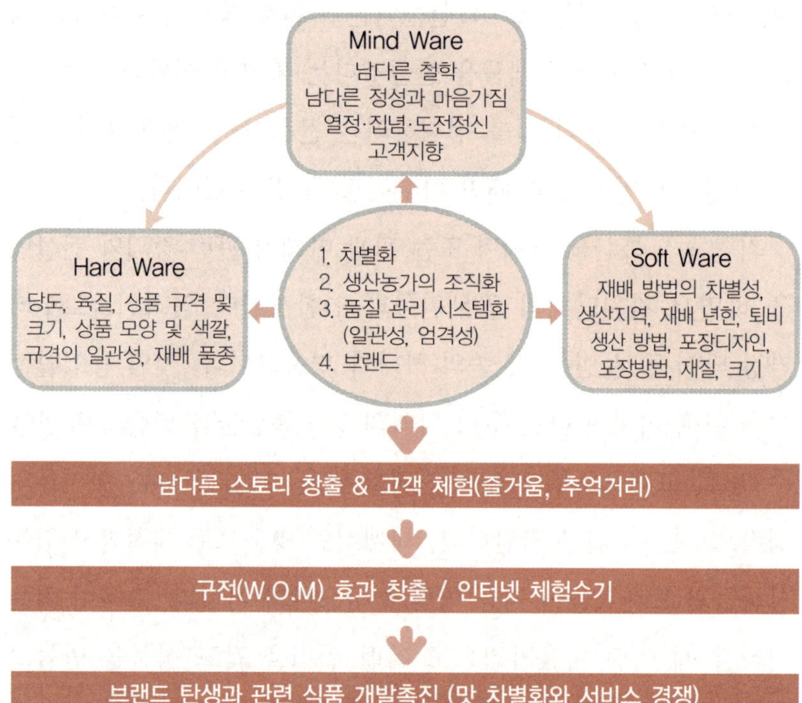

〈 명품화 농산물 만들기 과정 〉

누군가 나 보다 앞서 힘들게 개척해놓은 그 길을 따라가는 것이 아니라 스스로의 노력으로 새로운 길을 개척하였고, 그 길을 열기 위해 남모르게 혼신을 다했다는 사실을 알아야 한다. 이것이 바로 모든 성공의 핵심이요, 명품 브랜드를 넘어서 명품 인생이 만들어지는 비결이다. 누구나 다 알고 있는 평범한 이야기임에 틀림없다. 그럼에도 불구하고 장기적인 안목을 갖고 이런 길을 가려하기 보다는 눈앞에 이익에 초점을 맞추고 손쉬운 방법과 매뉴얼화된 정답을 찾으려는 지자체와 생산농가들이 대부분인 것이 현실이다.

이제껏 20여 년 가까이 마케팅 강의와 컨설팅을 하면서 일관되게 강조해온 말이 하나 있다면 그것은 바로 "남과 다르게 세상을 바라보라 그리고 자신만의 길을 가라"였다. 이것이 명품화를 가기위한 기본 방향이다. 특히 한 분야에서 끝장을 보겠다는 광기(狂氣)나 장인(匠人)정신을 가져야만 남들로부터 인정받을 수 있는 전문가가 될 수 있듯이, 자기 분야에만 몰두하는 사람들이 모여야만 명품 농·특산물이 만들어질 수 있는 것이다. 단순히 개별 브랜드나 공동 브랜드를 도입하여 BI작업을 하고, 시각적 마크나 로고를 이용한 멋진 패키지를 개발하고 브랜드 마케팅을 한다고 해서 브랜드가 만들어지는 것이 아니듯, 지자체나 연합사업단에서 명품화를 하겠다고 말해서 명품 농산물이 만들어지고 브랜드명품화가 이루어지는 것은 결코 아니다.

그럼에도 불구하고 지역에 가면 많은 예산을 투입하여 TV나 신문광고, 홍보와 다양한 이벤트를 실시하여 브랜드를 널리 알리면 파워브랜드가 되고, 판매가 활성화될 것이라고 착각하고 있는 사람들이 너무 많다. 물론 많은 돈을 들여 광고나 다양한 판촉 이벤트를 하면 농·특산물 판매활성화에 도움이 되는 것은 사실이다. 그러나 광고나 홍보를 통해 브랜드 인지도를 높이면 마케팅하기에 유리한 것은 사실이지만 그렇다고 해서 고객으로부터 인정받는 파워브랜드가 되고 명품이 되는 것은 결코 아니다. 또한 대량으로 생산되는 제품이 명품이 될 수는 없다는 사실을 기억해야 한다. 대중들이 구매하고 사용할 수 있을 만큼 대량으로 생산되는 제품인 경우 아무리 브랜드 파워가 크다 할지라도 소득수준이 높은 상위계층의 소비자들이 선호하는 제품이 되기는 매우 어렵다. 따라서 어느 일정 수준 미만의 양만 생산되는 제품들이 아닐 경우 명품화 전략을 실행한다는 것은 어리석은 생각이라고 할 수 있을 것이다.

명품이란 흔히 여성들이 좋아하는 루이비통이나 샤넬 같은 옷과 핸드백 등의 패션이나 화장품에만 있는 것이 아니라, 농·특산물이나 레스토랑, 심지어 과일 판매상점에도 있을 수 있다. 해당 제품이나 점포가 경쟁제품과 얼마나 명확한 차별화가 되어 있으며, 특히 자신의 고객들이 얼마나 큰 신뢰를 갖고 지속적으로 믿고 찾아주며, 제품을 구입할 때 보다 많은 프리미엄을 기꺼이 지불하는가로 명품여부는 판단되는 것이다. 고객으로부터 오랫동안 사랑 받는 명품이란 어느 정도 희소성이 있는 제품으로써 생산수량이 많지 않아야 한다. 그리고

첫째, 고객이 요구하는 명확한 차별화된 가치를 지니고 있으며, 둘째, 지속적인 연구 개발을 통해 끊임없는 품질 향상을 이룩하였으며, 셋째, 일관된 품질을 유지함으로써 고객으로부터 높

은 신뢰를 쌓았으며, 넷째, 브랜드의 명성을 지키기 위하여 다소 품질이 뒤떨어지는 제품의 경우 가차 없이 파기하는 노력을 통해 만들어진 것들이다.

즉, 우리만 생산할 수 있는 차별화된 상품의 개발, 고객과의 신뢰를 지키기 위한 철저한 품질관리 그리고 생산자들의 정성이 오랫동안 뒷받침 되지 않고는 만들어지지 않는다.

하루아침에 만들어진 명품은 어디에도 존재하지 않는다. 남과 다른 나만의 최고상품을 만들겠다는 생산자들의 신념과 노력이 적어도 10년 많게는 세대를 거치면서 고객들의 지속적인 구매와 평가 속에 만들어지는 것이다. 생산자의 정성과 일관된 사업철학이 고객에게 알려지면서 신뢰가 쌓은 것이다. 또한 명품에는 생산과정이나 생산자 또는 고객 서비스와 관련된 남다른 스토리가 담겨있고, 이것이 고객으로부터 품질에 대한 신뢰를 얻기 이전에 그들의 입을 통해 자연스럽게 알려진 경우가 많다. 즉, 상품 개발 과정이나 새로운 재배 방법 개발과정에서 있었던 에피소드나 남다르게 어려움을 극복하게 된 극적인 이야기나 고객과의 남모를 사연 이야기 등이 숨겨있는 것이다.

흔히들 명품하면 멋진 디자인과 광고, 그리고 화려한 브랜드 이미지만을 떠올리는 사람이 대부분이다. 반면에 그런 상품이나 브랜드가 만들어지기까지 생산자가 쏟았던 남다른 정성과 정신에 대해 주목하거나 이런 것의 중요성을 알고 있는 사람이 적다. 그러면서도 명품화를 하겠다고 말을 하면서도 눈에 보이지 않는 최고 품질의 제품을 만들기 위한 눈에 보이지 않는 땀과 고통을 실천하는 사람은 매우 드문 것이 현실이다.

최근 자치단체나 연합사업단들이 내세우는 농·특산물 명품화 운동을 바라보고 있노라면 씁쓸한 생각이 드는 것이 사실이다. 그들이 이구동성으로 이야기하는 내용을 들어보면 이제 공동브랜드가 어느 정도 알려졌으니 이제는 농가소득 증대를 위해 품질이 우수한 품목을 선정하여 명품으로 만들겠다는 주장이다. 물론 바람직한 정책 방향인 것은 틀림없는 사실이다. 필자 또한 그 길만이 우리 농업의 살 길이라고 확신한다.

그러나 명품화는 자치단체의 정책이나 구호, 지역별 연합사업단의 브랜드마케팅 전략으로 만들어지는 것은 결코 아니다. 명품화의 출발점은 고객들에게 나만의 차별화된 최고의 상품을 생산 공급하겠다는 생산자의 신념과 열정이다. 그리고 자신들의 이름을 걸고 최고의 상품을 생산하겠다는 일관된 정성과 노력이 모이고 이것이 쌓일 때 이루어지는 것이다. 따라서 자치단체나 연합사업단은 명품화를 내세우기 전에 "명품화를 왜 해야만 하는지, 명품화를 위해서 어떤 노력들을 해야만 하는지, 누가 주체가 되어야만 명품화가 가능한지, 그 길이 얼마나 가치 있고 어려운 과정인가" 등에 대해 보다 철저한 연구와 준비 작업을 해야 한다.

지자체는 이런 선행준비를 과정을 거친 연후에 직접 명품화를 주장하기 보다는 생산농가들에게 명품화의 꿈과 비전을 심어 주고 그들로 하여금 명품화를 향해 나아가도록 이끌고 도와주어야 한다. 생산농가의 의식 속에 반드시 남다른 상품을 생산하고, 남다른 요리를 만들겠다는 신념이 자리 잡지 않고는 그 어떤 명품화의 노력도 결코 성공할 수 없다. 최고의 상품을 만들겠다는 생산자들의 의식 전환이 명품화의 전제 조건이다. 명품화가 살 길이라는 생산농가의 의식이 선행되지 않고는 명품화의 길은 요원하다고 할 수 있다.

생산자들의 명품화에 대한 명확한 꿈과 열정이 없는 상황 하에서 자치단체나 연합사업단에서 아무리 명품화를 위해 많은 광고나 홍보예산과 인력 그리고 시간을 투자한들 결코 소용이 없다. 따라서 농·특산물 명품화에 나서려면 먼저 "고객들이 판단하는 명품의 조건은 무엇인지, 우리 상품의 품질과 이미지에 대한 고객들의 인식과 평가는 어떤지, 우리 농·특산물의 현주소와 생산농가의 현실, 명품화에 착수할 수 있는 조건을 갖추었는지" 등 아래 5가지 점에 대해 냉철히 살펴보아야 한다.

첫째, 명품이란 고객으로부터 강한 신뢰를 받는 특정 품목이나 특정 사업을 대변하는 프리미엄화된 브랜드라는 사실을 기억해야 한다. 즉 "햇사레"복숭아처럼 특정 품목만을 대상으로 하여야만 명품화가 가능하다. 바꾸어 말하면, 서로 다른 제품 특성을 가진 쌀. 한우. 배. 포도 등 서로 다른 5가지 제품을 대변하는 "안성마춤"이나 수박. 멜론. 참외. 토마토. 사과. 배. 양송이. 밤 등 여러 가지 품목에 사용되는 "굿뜨레"처럼 대중 브랜드로는 명품화가 불가능하다. 특정 품목이 강력하게 연상되지 않는 브랜드로 명품화를 어떻게 추진할 수 있겠는가? 특히 일반 대중 브랜드로 알려진 상표를 갖고 명품화를 시도한다고 해서 고객들이 갑자기 명품으로 바라보아 주지도 않겠지만, 기존 브랜드의 낮은 품질 이미지로는 명품화 자체가 불가능한 것이다.

둘째, 명품화의 기본은 철저한 차별화이다. 그런데 현재 지역 공동브랜드들의 경우, 어떤 차별적 가치를 내세울 수 있는가? 서로 다른 여러 가지 품목에 동일한 브랜드를 쓰면서 어떻게 공통의 브랜드 컨셉트를 내세우고, 품목별로 서로 다른 생산농가들에게 타 지역 상품들과 어떻게 다르다는 점을 내세우도록 만들 수 있겠는가? 물론 무조건 다르다고 주장할 수는 있겠지만, 고객들이 과연 그런 주장을 받아들여주겠는가 하는 점을 고려해야 한다.

셋째, 생산자의 정신과 철학, 품질에 대한 고객의 신뢰 구축 없이 명품은 없다. 자치단체나 연합사업단은 명품화를 내세우기 전에 '과연 고객이 생각하는 품질이란 어떤 것인지, 품질의 일관성 유지가 얼마나 중요한지, 그리고 엄격한 품질관리 시스템 구축과 실행을 철저하게 하고 있는가'에 대해 심도 있게 알아야 한다. 품질의 중요성에 대한 정확한 이해와 명품화에 대한 강한 꿈도 없는 지자체가 생산농가들의 의식전환이 선행되지 않은 체 명품화에 나서겠다고 주장하는 모습들을 보면 안타깝기 짝이 없다.

특화된 전문브랜드로 자리매김하기 위해서는 일본인들이 입버릇처럼 말하는 "최선을 다해 노력하겠다"는 정신으로 최고 품질의 제품을 생산하기 위해 전심전력을 다해야 한다. 하루아침에 전문가가 될 수 없듯이 고객으로부터 인정받는 명품을 만들기 위해서는 적어도 3년에서 10년 이상 최고의 품질을 만들기 위한 노력에 매달려야만 가능한 것이다.

넷째, 광고나 홍보에 많은 예산을 투입하여 브랜드를 널리 알린다고 해서 파워 브랜드가 되지 않는다. 또한 멋진 BI나 포장 디자인을 개발을 내 세운 허울뿐인 브랜드마케팅만으로 결코 명품을 만들 수 없다는 사실을 깨달아야 한다. 농·특산물이든 아니든 명품이란 상품과 그 안에 담긴 정신과 정성이 오랜 시간에 걸쳐 고객으로부터 평가를 받으면서 만들어지는 것이다. 명품화에 있어서 브랜드 인지도보다 중요한 것은 차별화된 브랜드 이미지, 고객의 높은 신뢰와 품질 평가이다. 명품을 만드는 것은 광고나 판촉 이벤트가 결코 아니다. 생산자의 정성과 철학 그리고 열정 그리고 엄격한 품질관리 노력이 오랜 시간에 걸쳐 고객의 입소문을 통해 퍼지고 이를 언론이 기사화하면서 인정받아 만들어지는 것이다.

마지막으로 지역공동브랜드를 이용하여 명품화를 시도할 경우, 서로 다른 품목의 제품 품질기준을 제정하고 품질 향상을 위한 명확한 품질관리방법을 정착시키기 전에는 명품화에 나서서는 안 된다. 왜냐하면, 모든 품목의 생산농가, 연합사업단과 자치단체가 합심하여 오랫동안 많은 예산과 노력을 투입하여 고객들로부터 높은 신뢰와 우수한 품질 평가를 받고 있다 할지라도, 자신들의 의지와 상관없이 공동브랜드로 판매하고 있는 다른 품목의 품질이나 농약사용 등의 문제가 발생할 경우, 공동브랜드의 이미지는 하루아침에 물거품이 될 수 있기 때문이다. 이처럼 공동 브랜드를 사용할 경우, 특정 명품화 품목을 제외한 상품에서 고객의 신뢰를 실추시키는 농약문제나 품질문제가 발생할 경우 명품화를 추진하는 농산물에 대해 엄청난 손실을 안겨줄 수 있다. 아무리 우리 품목은 품질이 우수하고 품질문제가 전혀 없다고 해명한다고 해서, 문제가 된 제품과 동일한 브랜드를 쓰고 있는 한 피해로부터 결코 자유로워질 수 없다.

미국 쇠고기 수입을 둘러싸고 광우병 문제가 불거져 촛불시위가 발생하였을 때, 시위에 참여했던 대부분의 국민들은 이성적이고 합리적인 판단을 위해 적극적으로 정보탐색을 하기 보다는 모 방송국의 뉴스보도를 접하고 인터넷을 통해 떠돌아다니는 정보나 입소문에 의해 크게 영향을 받았던 사례를 교훈삼아야 한다. 이런 사례처럼 지역공동브랜드에서 특정품목에서 발생한 부정적인 사건이나 안전문제 등이 일단 뉴스화가 될 경우에 부정적 여론 확산으로 인한 이미지 실추를 막을 수 없다는 사실을 알아야 할 것이다. 아무리 지자체나 연합사업단 또는 생산농가들이 필사적으로 사건의 본질에 대해 해명을 하고 정확한 내용을 설명하려고 해도 사람들은 변명으로 받아들이고 무조건 뉴스나 제3자로부터 알게 된 입소문을 믿으려 하는 성향이 매우 높다.

이처럼 고객들은 객관적인 정보와 이성적인 평가를 통해 정확하게 분석하기 보다는 부정적인 품질 문제가 발생하였을 경우 "해당 상품의 브랜드 네임과 회사 그리고 사고 내용"만을 기억한 체 전체를 판단할 뿐이다. 한편 공동브랜드 중에는 인지도는 높지만 고객의 품질평가가 매우 낮은 브랜드도 있다. 이런 브랜드의 경우에는 아무리 광고나 홍보를 한다 할지라도 더 이상 고객으로부터 신뢰를 향상시키기 어렵다.

따라서 품질관리에 대한 생산자 의식이 매우 낮고, 엄격한 품질관리 시스템이 정착되지 않은 상황에서 공동브랜드를 이용한 특정 품목의 명품화에 나설 경우, 엄청난 광고 및 판촉 예산만을 투입하여도 실패로 끝날 확률이 매우 높다는 사실을 자각해야 한다. 10년의 명품화 노력이 자신들의 의지와는 관계없이 전혀 다른 품목의 품질문제나 불미스러운 사건들로 인해 순식간에 무너질 수 있다.

이와 같은 명품화 노력은 농·특산물에 국한 된 것이 아니라 지역 음식점이나 농원에도 적용되는 개념이다. 지역 음식점의 경우, 마을마다 특성을 달리하고 가게마다 맛을 달리하는 것이 요구되는 것이다. 곁들이는 채소를 달리하고 국물 맛을 차별화하려는 시도가 요구되는 것이다. 세계 최초, 국내 최초, 업계 최초를 내 세울 수 없는 상품이라면, 면발의 굵기라도 내세우고, 어떤 다른 소재로 만들었는지, 지역만의 색다름을 내세우려는 차별화 노력이 요구되는 것이다.

음식점을 화려하고 크게 짓고 시설들을 일류로 만들었다고 해서 고객으로부터 호평을 받는 것은 결코 아닐 것이다. 지역에 어울리는 건물, 남다른 디자인과 인테리어, 소품 하나라도 고객을 배려한 주인의 정성이 담겨있다고 느낄 때 비로소 고객들은 호감을 갖고 다시 찾게 되는 것이다. 그리고 주인과 종업원들의 친절한 인사말과 태도에서 고향의 정서가 느껴지고, 손님을 대하는 진실된 마음가짐이 느껴질 때, 고객들은 편안함과 함께 큰 만족을 얻게 될 것이다. 이런 경험들이 쌓이면서 고객의 신뢰와 음식점의 명성이 차곡차곡 만들어지는 것이다.

예를 들면, 농·특산물 판매점이나 식당이라 할지라도 '최고가 되겠다' 는 남다른 노력과 고객을 소중히 생각하는 마음을 갖고 십 년을 한결 가치 경영한다면 반드시 성공할 수 있을 것이다. 최고가 되려면, 농작물 작황이 나빠 가격이 폭등하여 수익을 줄이는 한이 있어도 최고의 식재료만을 사용하고, 최고의 농·특산물 생산 농가를 찾아 전국을 직접 찾아다니는 수고와 고객에 대한 마음에서 우러난 정성이 요구되는 법이다. 어려운 상황일수록 고객과의 신의를 지키기 위해 더욱 노력하고 자신의 희생을 조금 더 감내하려는 노력이 수반되지 않는 한 명품은 만들어지지 않는다.

그 결과로 "OOO"은 "1900년부터 시작하여 최고의 상품만을 판매한다는 정신으로 3대째 가업으로 이어오고 있습니다.", 우리 식당 "OOO"은 "우리만의 15년 노력 끝에 개발한 소스를 이용하여 색다른 맛을 자랑합니다.", "우리 가게는 OOO유기농원에서 생산된 채소와 OOO감식초만을 사용하여 정성으로 만듭니다." 이런 문구를 당당하게 사용하겠다는 마음가짐을 갖고 일관성 있게 노력한다면 고객으로부터 자연스럽게 신뢰와 호의적 평판을 얻어 명품점이 될 수 있을 것이다.

이와 마찬가지로 지역의 농·특산물을 명품으로 만들기 위해서는 앞에서 말한 것과 같은 끈질긴 노력과 정성이 필요하다. 농·특산물 명품 만들려면 생산자와 마케팅하는 사람들의 노력만으로는 다소 부족하고, 관광과 요식업에 종사하는 지역주민들의 자발적인 협력 또한 절실히 필요하다.

예를 들어보자. 경기도 이천 "임금님표" 쌀의 경우, 국내 쌀 중에서 최고의 쌀로 인정받아 타 지역의 쌀보다 20KG 포장기준으로 적게는 12,000원에서 20,000원 정도 비싼 가격으로 판매되고 있다. 이런 이천 쌀을 구입해 먹고 있는 고객이나 잠재고객들이 이천을 방문할 기회가 생겨 우연히 맛 좋고 품질 좋은 이천 쌀만을 사용한다는 문구로 홍보하고 있는 음식점에 이끌려 식사를 하는 경우가 있다. 하지만 모든 음식점이 맛이 뛰어난 것은 아닌만큼, 맛이 형편없다거나 별로라고 느낀 고객들의 경우 이천 쌀에 대해 어떤 품질 이미지를 갖겠는가? 그리고 자신들의 기분 나쁜 기억을 혼자만 갖고 있겠는가? 결코 그렇지만은 아닐 것이다. 아마도 자신들이 음식점에서의 겪었던 불친절한 서비스나 음식 맛과 품질에 대한 불편한 감정은 이천 쌀과 농·특산물의 이미지로 이어질 것이고, 다른 사람들에게도 부정적 입소문으로 퍼져 나갈 것이다. 따라서 지역 농수특산물을 명품화하기 위해서는 생산농가는 물론 지역 주민의 공동 노력이 절대적으로 필요하다고 할 수 있다.

21세기 도시 경쟁 시대

지역브랜드육성전략

1판 1쇄 인쇄 · 2009년 7월 10일
1판 1쇄 발행 · 2009년 7월 20일

지 은 이 · 신 순 철, 황 인 호
발 행 인 · 박 우 건
발 행 처 · 한국생산성본부 정보문화원
　　　　　 서울시 종로구 사직로 57-1(적선동122-1) 생산성빌딩
등록일자 · 1994. 9. 7
전　　화 · 02)738 - 2036(편집부)
　　　　　 02)738 - 4900(마케팅부)
F A X · 02)738 - 4902
홈페이지 · www.kpc-media.co.kr
E-mail · kskim@kpc.or.kr
I S B N · 978-89-8258-606-4 13320

정가 12,000 원